HUIT JOURS A PARIS

En Mai 1871

HÔTEL DE VILLE DE PARIS (P. 41.)

HUIT JOURS

A PARIS

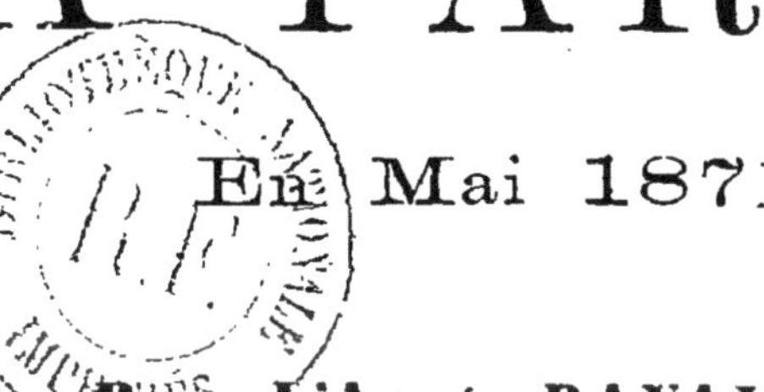

En Mai 1871

PAR L'ABBÉ RAVAILHE

Chanoine honoraire,

Ancien curé de Saint-Thomas d'Aquin, à Paris.

LILLE (Nord) MAISON SAINT-JOSEPH

GRAMMONT (Belgique) ŒUVRE DE St-CHARLES

LA SAINTE-CHAPELLE (P. 83).

HUIT JOURS A PARIS[1]

CHAPITRE PREMIER

Une première communion au plus fort de la Commune. — Tristes présages. — Les préparatifs. — La messe de communion. — Apparition des soldats du poste. — Comment ils traduisent leur admiration. — Le rendez-vous pour l'après-midi. — Une procession inoubliable. — Les honneurs militaires sont rendus aux premiers communiants. — La double rançon.

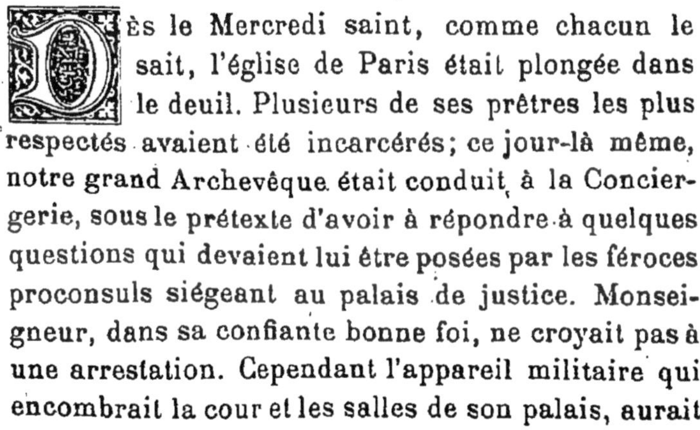

Dès le Mercredi saint, comme chacun le sait, l'église de Paris était plongée dans le deuil. Plusieurs de ses prêtres les plus respectés avaient été incarcérés; ce jour-là même, notre grand Archevêque était conduit à la Conciergerie, sous le prétexte d'avoir à répondre à quelques questions qui devaient lui être posées par les féroces proconsuls siégeant au palais de justice. Monseigneur, dans sa confiante bonne foi, ne croyait pas à une arrestation. Cependant l'appareil militaire qui encombrait la cour et les salles de son palais, aurait

(1) Une édition un peu plus complète de cet ouvrage, sous forme de *Lettres*, a été publiée à Paris. en 1883, portant le titre : *Une semaine de la Commune à Paris;* elle est depuis longtemps épuisée.

pu dessiller les yeux d'un homme aussi avisé et aussi informé qu'il l'était. Mais son grand cœur se refusait à croire à une barbarie froide et sans motif. Il nous avait bien dit, dans une conférence de notre dernière retraite ecclésiastique, que les temps étaient très mauvais; que nous aurions plus prochainement qu'on ne pensait, beaucoup à souffrir; qu'il y faudrait probablement mettre la tête; « mais, ajoutait-il avec ce sourire fin et discret dont étaient souvent accompagnées ses paroles les plus graves et les plus solennelles, mais nous l'y mettrons tranquillement : ce n'est pas plus difficile que cela. » Sans doute il ne croyait pas le moment encore venu, puisque, se levant à la première parole du soudard chargé de l'arrêter : « Eh bien! dit-il, allons au Palais; » et, se faisant accompagner d'un de ses vicaires généraux, il sortait de son appartement, sans même prendre son bréviaire. Il fallut que son compagnon de captivité l'y fît penser par cette parole grave : « Nous ne savons pas, Monseigneur, si nous pourrons rentrer ce soir ici. »

A ce moment-là, une vague inquiétude m'avait porté, accompagné de M. l'abbé Lemaître, mon second vicaire, jusqu'à l'archevêché. Nous fûmes insultés dans la rue de Las Cases. Arrivés à la rue de Grenelle, nous nous trouvâmes au milieu d'une compagnie de soldats du désordre, échelonnée jusqu'au portail du palais archiépiscopal. Là on nous permit à peine d'entrer dans la cour. Le concierge effrayé était chassé de chez lui; des groupes d'hommes à mine plus que suspecte stationnaient en vingt endroits dans la grande cour. Nous demandons à parler à Mgr l'Archevêque; le nouveau concierge n'a pas l'air de nous entendre. J'insiste avec d'autant plus de vivacité, que l'appareil était plus menaçant. M. l'abbé Lemaître me prend par le bras et m'entraîne hors de la porte : il avait vu un mouvement qui menaçait ma liberté. Nous n'avions pas fait cinquante pas dans la rue de Grenelle, pour rentrer chez nous, les larmes aux yeux et le cœur serré d'appréhensions sinistres, que nous nous voyons dépassés par un ignoble fiacre, par la portière duquel Monseigneur nous fait l'honneur de nous saluer, et je n'en doute pas, de nous bénir. Il n'est pas difficile de concevoir quelle fut en ce moment notre douleur. Nous exprimâmes amèrement nos regrets que notre Archevêque, sourd à toutes nos sollicitations, n'eût pas consenti à s'éloigner de Paris, comme il lui était si facile de le faire. Je pus me rappeler ce qu'il m'avait répondu huit jours auparavant. Consulté par moi sur la conduite que nous avions à tenir dans les circonstances difficiles où nous nous trouvions, il me dit :

— Il n'y a rien à prescrire que la prudence. Quelques-uns croient qu'elle commande de s'éloigner; je sais bien que vous ne vous éloignerez pas. Confiez-vous en Dieu, et agissez et parlez suivant qu'il vous inspirera.

Puis, m'étant permis de joindre ma prière à celle de tant d'autres qui le suppliaient de se mettre à l'abri, à quelques lieues de Paris, il ajouta d'un ton presque sévère :

— Comment pouvez-vous me conseiller ce que vous ne voulez pas faire vous-même? Restons à notre poste.

Donc la persécution était inaugurée avec éclat.

Sous le nom d'otages, les victimes choisies par de féroces scélérats s'entassaient dans les prisons des criminels. Les clubs en ce moment demandaient leurs têtes; les journaux du crime répétaient de leurs mille échos, dans la rue, et vendaient un sol chaque matin les motions sanguinaires des clubs. Les maisons religieuses étaient envahies. Les églises commençaient à être profanées. La Terreur reparaissait avec toutes ses horreurs, après quatre-vingts ans, dans ce Paris si fier tout à l'heure de sa civilisation douce et raffinée et de son courage devant l'ennemi et devant la faim!

L'histoire ne croira pas ce que nous avons été condamnés à voir. Les saturnales sacrilèges de Picpus, de l'Assomption, de Saint-Laurent, de Notre-Dame des Victoires, de Notre-Dame de Lorette, etc., aussi bien que les tueries sauvages de la fin et les incendies sans précédent des derniers jours, lui sembleront une page à effacer des annales de la France.

Eh bien! c'est au milieu de cette invasion de la barbarie athée et féroce qu'il s'agissait pour nous de préparer nos enfants à la première communion. Ainsi qu'aux premiers siècles de l'Église, on se préparait au martyre par la participation aux saints mystères. Il fallait armer nos chers enfants contre le scandale de cette nouvelle persécution; et si nous devions tous tomber victimes des fureurs sanguinaires qui grondaient sur nos têtes, nous leur aurions du moins donné la force de Dieu pour les soutenir.

Le conseil de mes catéchistes n'était pas unanime pour fixer le jour de la cérémonie. Avant la guerre civile, nous étions convenus du 4 mai. Les soins donnés à nos enfants avaient été gradués en vue de cette date. Mais les circonstances étaient bien changées! Les uns voulaient devancer cette époque, dans la crainte, hélas! trop raisonnable, de ne pouvoir atteindre au 4 mai sans des troubles qui rendraient notre première communion impossible; d'autres voulaient la différer jusqu'à ce que la paix nous fût rendue. Les deux partis présentaient de graves inconvénients : à raison même du grand ordre de nos catéchismes, les enfants n'étaient pas prêts, ne pouvaient être préparés, selon notre cœur et selon les habitudes de la paroisse, avant l'époque fixée; et d'autre part, si nous différions, nous courions le risque de ne pas faire de première communion de l'année. Il serait impossible de réunir les enfants, dès que les écoles seraient fermées, et elles allaient l'être. Et comment, plus tard, après une plus ou moins longue interruption des classes et des catéchismes, leur redonner les sentiments de préparation qu'ils avaient en ce moment?

Il fallait donc se décider pour l'avis de ceux qui voulaient s'en tenir à la date du 4 mai.

On s'y décida, et j'en bénis Dieu. Ainsi nous mettions nos chers enfants à l'abri du grave danger de perdre leurs bonnes dispositions actuelles, et d'être dispersés par la tempête avant le grand et solennel acte destiné à grandir et à affermir leurs jeunes vertus.

La retraite préparatoire se fit avec un remarquable recueillement. Parents et enfants y apportèrent un zèle égal, une égale bonne volonté. Des précautions de prudence furent prises pour ne pas attirer les regards du poste voisin. Celui-ci nous était venu de Montrouge, autre provenance peu rassurante. Chaque soir, nous remerciions Dieu de n'avoir pas été troublés. Enfin nous voilà au jeudi 4 mai.

Rien ne fut changé à l'ordre accoutumé de cette solennité toujours si touchante, si ce n'est une légère modification dans l'entrée des enfants dans l'église. Les petites filles, dont les vêtements blancs auraient pu exciter une curiosité malveillante sur la place toujours surveillée, durent prendre entrée par la porte donnant sur la rue du Bac. Les garçons seuls purent entrer par la grande porte. Tous les mouvements se faisaient dans un silence discret. Nous ne nous cachions pas, mais nous évitions tout éclat.

Cependant les sons de l'orgue, et peut-être aussi une affluence inaccoutumée aux abords de l'église, ayant éveillé, malgré nous, l'attention de nos peu bienveillants gardiens, ils entrèrent successivement presque tous dans le lieu saint, pour voir ce qui s'y passait d'extraordinaire. Leur apparition en pareil moment causa une émotion d'inquiétude très concevable, tant parmi les prêtres qui se trouvaient au milieu des enfants, que parmi les parents de ceux-ci, pour la plupart d'ailleurs très peu rassurés. Allaient-ils troubler la cérémonie par une démonstration hostile? les enfants seraient-ils dispersés dans un tumulte trop facile à exciter en une assemblée nombreuse, déjà épeurée, où les femmes et les enfants sont en majorité?

Il aurait suffi pour cela d'une parole, d'une attitude seulement irrévérencieuse.

Nous fûmes plus heureux. Les enfants ne se doutèrent de rien, tournés vers l'autel et recueillis qu'ils étaient. La plupart des parents firent bonne contenance. Et les chants couvrirent le bruit inévitable de cette invasion aussi importune qu'inopportune. Moi-même, montant à l'autel en ce moment-là, je n'en fus nullement averti.

Mais au premier *Dominus vobiscum* de la messe, je pus voir, non sans quelque pénible surprise, contre la porte, au-dessous de l'orgue, cette rangée de témoins que nous n'avions pas appelés. Je m'en remis vite à la providence du Seigneur, qui devait, ce me semblait, protéger cette douce et pieuse cérémonie. En effet, pour la troisième ou quatrième fois, et, à ce coup, d'une manière plus solennelle et plus émouvante, nous dûmes constater l'influence des souvenirs religieux dans les âmes les plus égarées.

Ces hommes, ramassés dans les faubourgs les plus surexcités par les passions de l'heure présente, se sentirent pénétrés de sentiments qui leur étaient inconnus depuis longtemps, en voyant cette assemblée recueillie dans sa prière et tout occupée du grand acte qui allait s'accomplir. Ainsi durent souvent se sentir émus, à l'entrée des catacombes, devant les premiers chrétiens se préparant à la mort, les satellites des persécuteurs romains.

Les chants pieux, la prière fervente, la candeur des enfants, l'attitude attendrie des parents, la sollicitude des prêtres, les parfums de l'autel, la solennité du saint Sacrifice, et, par-dessus tout, la grâce réveillant au fond des âmes des souvenirs incomparables, tout cela n'était-il pas fait pour remuer et apaiser ces malheureux, quelque enfiévrés qu'ils fussent?

Il en fut sans doute ainsi, puisque leur attitude pendant la cérémonie entière fut tout à fait convenable. A la fin, le chef ne put s'empêcher de dire tout haut : « Citoyens, cela est très beau! très beau! » Quelqu'un lui ayant dit alors qu'il n'avait manqué à cette fête qu'une chose, une procession des enfants sur la place de Saint-Thomas d'Aquin, procession qui se faisait tous les ans, il demanda avec un peu de vivacité pourquoi elle n'avait pas eu lieu, et si le citoyen curé se défiait d'eux. Sur la réponse que ç'avait été uniquement un acte de prudence et pour ne pas exposer le poste à intervenir, au cas où quelque mauvais sujet aurait voulu troubler la procession :

— Ah! reprit-il, je me serais chargé d'empêcher le moindre désordre, et l'on aurait pu s'en rapporter à moi.

— Eh bien! lui dit-on, nous avons ce soir, à deux heures et demie, une nouvelle réunion : si vous le voulez, nous demanderons à M. le Curé de nous permettre la procession, lui assurant que vous voulez bien répondre de l'ordre.

— Oh! j'en fais mon affaire, et vous verrez bien que personne ne se permettra de troubler la cérémonie.

Je déposais les ornements sacrés à la sacristie, lorsqu'on vint me raconter ce colloque étrange dans la circonstance; je fis remercier cet homme de bonne volonté, et permis la procession du soir.

On se ferait difficilement une idée du bonheur et de la gratitude qui remplissaient nos âmes, pour avoir pu mener à bonne fin l'œuvre de notre première communion. Nous nous entre-félicitions avec effusion, bénissant Dieu de la protection dont nous avions été l'objet. D'autres paroisses, Saint-Germain-des-Prés, par exemple, s'étaient bien décidées à faire comme nous, mais elles avaient cru ne devoir donner aucune solennité à leur cérémonie. Pour nous, tout s'était passé à l'ordinaire; et ce que nous venions de voir, non moins que l'inattendue proposition qui nous était faite, était bien de nature à accroître notre reconnaissance envers la Providence. Nous étions loin de prévoir ce qui allait arriver.

Nos chers enfants nous avaient comblés de joie et de consolation. Jamais première communion ne fut plus édifiante. Ils s'étaient montrés pénétrés de la grandeur de l'acte qu'ils faisaient et de la gravité des circonstances où nous nous trouvions; ils allaient devenir l'objet d'une démonstration sans exemple.

La rentrée à l'église pour l'office du soir se fit comme s'était faite celle du matin : pour les garçons, par la grande porte de la place; pour les filles, par la porte de la rue du Bac. La grande nouvelle de la procession permise et promise leur fut annoncée au moment de descendre de la chapelle des catéchismes. La porte du couloir donnant sur la place, fermée depuis les premiers jours de la Commune, fut ouverte solennellement, et deux prêtres en surplis, marchant devant les enfants, se présentèrent sur le seuil. Le chef du poste les attendait sur le perron du comité de l'Artillerie; il avait donné ses ordres et prévenu ses hommes de se tenir prêts.

A l'apparition des deux ecclésiastiques, le commandement retentit; les hommes vont se placer deux à deux à l'entrée de la rue Saint-Thomas d'Aquin, de la rue de Gribeauval, à la porte par où sortaient les enfants, à la porte par où ils devaient entrer dans l'église ; et l'on entend avec stupéfaction un second et double commandement : *Portez armes!... Présentez vos armes!...* C'est avec ces honneurs militaires que furent accueillis sur la voie publique, en pareil moment, par des hommes pareils, ces pauvres enfants pour lesquels nous avions tant tremblé. Ils firent ainsi le tour de la place, marchant sur deux rangs, lentement et en priant, et on leur présenta les armes, jusqu'à ce que le dernier fut entré dans l'église.

Pendant la procession, une estafette à cheval se rendant au Comité, poussant son cheval droit devant elle, dans les rangs des enfants, le chef du poste s'écrie avec autorité : *On ne passe pas par là !* L'estafette faisant mine de ne pas tenir compte de cette défense, le brave garde national saute à la bride du cheval, et le conduit, en contournant la procession, jusqu'à l'entrée de la rue Saint-Thomas d'Aquin, où il le lâche en disant : *Passe par là !*

Tout ceci avait vivement ému, c'est facile à concevoir, les personnes qui en avaient été témoins, prêtres, enfants et parents. On ne parla que de cela toute la soirée. Il semblait que notre journée ne laissât rien à désirer, et que notre joie fût parfaite. Nous avions été trop heureux pour n'avoir pas une rançon à payer.

Elle fut double et très douloureuse.

D'abord, le soir même, le poste du Comité avec son chef furent envoyés aux remparts. Et le lendemain matin, la nouvelle m'en fut donnée, d'une façon poignante, par les hommes qui les avaient remplacés. Désireux de remercier ces braves gens qui s'étaient si bien conduits, au moins cette fois, j'avais envoyé un de mes employés demander le moment où je pourrais les trouver réunis.

— Le poste d'hier? répondit-on : il n'est plus ici. Il fut envoyé aux remparts dans la soirée.

— Et son chef?

— Ah! son chef? Vous ne le verrez plus : on l'a rapporté une balle dans la tête.

Notre douleur fut grande. Il nous vint aussitôt dans l'esprit que l'action généreuse et chrétienne dont nous étions si justement reconnaissants, avait été funeste au chef et à ses hommes; au chef surtout, qui l'avait payée de sa vie. Les journaux de Versailles, informés de ce qui s'était passé à Saint-Thomas d'Aquin, imprimèrent, je ne sais sur quelle autorité, qu'il avait trouvé la mort, non aux remparts, mais dans l'enceinte du Comité de l'Artillerie même, où il avait été fusillé pour sa belle conduite de la journée. Nous avons eu le regret amer de ne pouvoir nous procurer aucun éclaircissement ni sur son nom ni sur le lieu de sa mort. Quoi qu'il en soit, il a été frappé sur un acte de foi bien spontané, aussi éclatant que méritoire. Et il vivra à jamais dans notre souvenir.

La seconde rançon de notre belle fête de la première communion fut la fermeture de notre école, fermeture qui fut suivie de l'arrestation de nos chers Frères, dans leur maison de la rue de Fleurus.

Dès le grand matin, le 5 mai, cette maison, quartier d'où nous venaient les Frères de nos classes, fut investie par une escouade de gardes nationaux, avec défense de toute entrée et de toute sortie. Ma chère école, qui déjà avait été troublée par l'invasion de la police et l'occupation d'un poste de gardes nationaux fédérés, par ce dernier événement, se trouvait absolument fermée. J'en fus avisé par le concierge, lequel, ne voyant pas arriver les chers Frères à l'heure accoutumée, avait été aux informations et nous était revenu avec la triste nouvelle. Nous n'avons pas appris si notre première communion avait été étrangère à l'arrestation des chers Frères; mais nous dûmes nous applaudir qu'elle fût faite, car nos enfants, dispersés le lendemain même, n'auraient pu désormais être réunis, autant à cause de la panique des parents qu'à cause de la fermeture de l'école.

CHAPITRE DEUXIÈME

Une perquisition à l'église de Saint-Thomas d'Aquin. — La visite des caves. — Incidents tragiques et burlesques. — L'exercice du mois de Marie. — Un vol audacieux. — Péril providentiellement évité. — Excavations dans les murailles. — Déception complète des envoyés de la Commune.

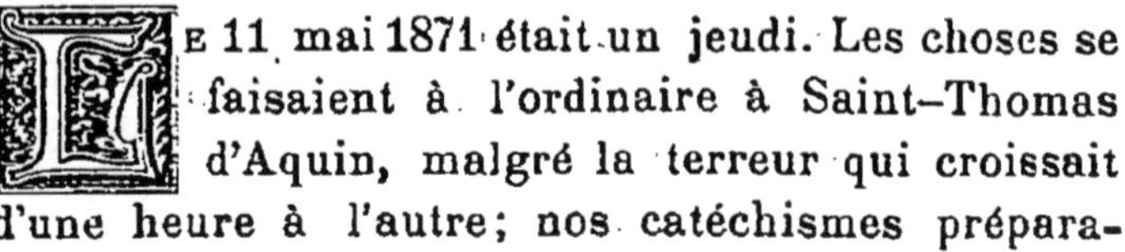

Le 11 mai 1871 était un jeudi. Les choses se faisaient à l'ordinaire à Saint-Thomas d'Aquin, malgré la terreur qui croissait d'une heure à l'autre; nos catéchismes prépara-

SAINT-EUSTACHE (P. 48.)

toires et de la Sainte-Enfance étaient réunis à l'heure et dans les chapelles qui leur sont affectées : celui des tout petits enfants, dans la chapelle de Saint-Louis : je le présidais comme tous les jeudis ; celui des enfants de neuf à dix ans, dans la chapelle haute, dite des Catéchismes ; il était présidé par M. l'abbé Lemaître, mon second vicaire.

A cause de l'inquiétude universelle, il était convenu que nous ne retiendrons pas les enfants beaucoup au delà d'une heure. Nous touchions à la clôture : trois heures allaient sonner, quand tout à coup, sans que nous eussions été avertis par le moindre bruit, par aucun mouvement extraordinaire dans le quartier, les portes de l'église s'ouvrent, et mes employés effrayés voient entrer, se précipiter dans le lieu saint, et de tous les côtés à la fois, une troupe d'hommes armés, différents par l'uniforme et l'attitude, des gens du poste voisin. Mon sacristain se précipite, lui aussi, dans la chapelle où je parlais aux enfants, en s'écriant avec un accent désespéré : « Monsieur le Curé, ils sont là ! » Je m'avance pour savoir ce que cela voulait dire, et je me trouve face à face avec un grand soudard, galonné sur toutes les coutures, escorté d'une suite nombreuse, menaçante, l'arme au poing.

Le dialogue suivant s'établit aussitôt :

— Où allez-vous, Messieurs ?

— Faire perquisition dans cette église.

— Je suppose que, malgré le désordre de l'heure où nous sommes, vous ne vous présentez pas ici sans ordre ?

— Citoyen, voici mon ordre.

En même temps, l'homme aux galons tire de son

uniforme un papier qu'il me présente et qui portait la signature *Abrial*, flanquée de toutes les estampilles et sceaux de la Commune.

— Votre ordre, Monsieur, est aussi régulier qu'il peut l'être en ce moment-ci. D'abord, Monsieur, voudriez-vous me dire comment je dois vous appeler?

— Commandant, citoyen.

— Eh bien! commandant, qu'est-ce que vous désirez voir?

— Tout! citoyen.

— Vous verrez tout. Par où désirez-vous commencer?

— Il y a des caves dans cette église, citoyen : nous commencerons par les caves.

— Vous commencerez par les caves, Monsieur.

Et, m'adressant aux deux seuls serviteurs de l'église qui fussent présents :

— Qu'on allume des flambeaux pour descendre dans les caves, et que l'on soit muni de toutes les clefs!

Cependant l'escouade écoutait impatiente notre dialogue, et nous n'avions pas fait un pas ni en avant ni en arrière; mais la nef de l'église, ses bas côtés, ses galeries, et jusqu'à ses combles, tout se trouvait occupé en même temps. Cent cinquante hommes, peut-être, étaient entrés à la fois. Il y en avait partout, qui avec des pioches, qui avec des leviers, qui avec des pelles, chacun avec des armes. L'escorte du commandant se composait d'une vingtaine d'individus, presque tous décorés des insignes d'officiers ou de sous-officiers.

Pendant mon colloque avec le commandant, nos

petits enfants et leurs mamans, également effrayés, s'étaient dispersés. Mais, ayant trouvé toutes les issues gardées par des hommes de mauvaise mine, la plupart étaient rentrés et se tenaient groupés et pleurant dans tous les coins les plus reculés de l'église.

Sur la place de Saint-Thomas d'Aquin, où se tenait un gros de *perquisiteurs* appuyés sur leurs fusils, on amena des voitures et des omnibus, de quoi les voisins et les témoins de cette démonstration furent fort émus. On savait que c'était ainsi qu'opéraient nos ennemis. Perquisition voulait dire pillage et arrestation : il fallait des voitures pour enlever les dépouilles, et aussi pour emmener, s'il y avait lieu, les otages. Les choses s'étaient passées de la sorte à l'Archevêché, à Notre-Dame des Victoires, à Notre-Dame de Lorette, à Notre-Dame de Bonne-Nouvelle, partout enfin où la tourbe communarde s'était abattue. On disait dans la rue du Bac et autour de la place de Saint-Thomas d'Aquin, que M. le Curé était arrêté, que le pillage avait commencé. L'agitation devenait vive. Une pauvre brave fille, bretonne, au service d'un homme bien connu, M. X. Marmier, le fécond et honnête écrivain, voyant de ses croisées, qui donnaient sur la place et sur la rue de Saint-Thomas d'Aquin, tout ce qui se passait, et le suivant avec un cœur très chrétien, ne cessait de répéter à son maître :

— Non, Monsieur, ils n'ont pas encore mis la main sur M. le Curé ; mais, s'ils l'osaient, j'irais seule, s'il le fallait, le délivrer des mains de ces brigands.

Heureusement, il ne fut pas besoin d'essayer de cet héroïsme inutile.

Les flambeaux étant allumés par mon sacristain Dubois et un de mes suisses, le brave Heuzé :

— Vous pouvez me suivre, Messieurs, dis-je au commandant et à sa suite. Qu'est-ce que vous cherchez, qu'est-ce que vous espérez découvrir ? Si l'objet de vos recherches se trouve ici, je vous l'indiquerai aussitôt, sans déguisement comme sans hésitation. Voulez-vous savoir si, comme à Notre-Dame des Victoires et à Saint-Laurent, il y a en cette église des ossements et des cadavres ? Je m'empresse de vous dire qu'il y en a, et de diverses époques, quelques-uns à peine refroidis.

— Citoyen, nous savons ce que nous avons à découvrir, et nous le trouverons, sans que vous preniez un soin inutile.

Et nous descendîmes dans les caves. Les moindres recoins furent fouillés, furetés. Une porte de caveau ne s'étant pas ouverte à la pression, je demandai la clef. Elle avait été emportée par mon vicaire-trésorier, M. l'abbé L***, qui avait là un débarrassoire et qui était hors de Paris depuis quelques semaines.

Au moment où la Commune devenait plus menaçante, j'avais réuni mon clergé pour lui communiquer mes inquiétudes, et prier ceux de ces messieurs qui ne se sentaient pas assez d'assurance pour affronter l'orage, de se hâter de sortir de la ville, dont, selon toutes les probabilités, les portes ne tarderaient pas à se fermer. « Nous ne sommes pas tous appelés à être des héros et des martyrs, leur dis-je ; d'ailleurs, il faut pourvoir à l'avenir. La tempête passée, si quelques-uns d'entre nous y ont péri, il faut que l'on puisse les remplacer, et que l'Église ne se trouve pas alors dépourvue d'ouvriers et d'évangélistes. »

Mon invitation fut entendue, et sept de mes prêtres se décidèrent à se mettre à l'abri, s'il en était temps encore. Ils purent en effet sortir de Paris. Il m'en resta six. Nous étions donc autant qu'il y a de jours à la semaine. Cela suffisait pour les nécessités les plus urgentes du service paroissial. Chacun de nous prit son jour de garde, et nous nous mîmes en mesure, par une acceptation empressée d'une part de la besogne, de ne rien interrompre de ce service, et de ne rien laisser en souffrance. Catéchismes, mois de Marie, prière du soir, bibliothèque, réunions des confréries, séance des œuvres de charité, etc., tout marcha comme de coutume.

Cependant l'absence de M. l'abbé L*** faillit nous devenir funeste. Pour son appartement, situé au-dessus de la sacristie, la porte en fut enfoncée par les perquisiteurs, qui s'étaient emparés des hauts de l'église. Ils y étaient les maîtres, sans contrôle. Mes vicaires, présents à l'église au moment de l'irruption, s'étaient prudemment esquivés et mis en un lieu d'observation, d'où ils pussent sans danger suivre les mouvements extérieurs de nos visiteurs incommodes.

Dans les caves, c'était autre chose. Je conduisais et ne voulais pas quitter la horde. Et, comme je l'ai dit, nous nous trouvions en face d'une porte dont je ne pouvais présenter la clef. Sur mon observation, par trop naïve, que *cette clef était entre les mains d'un de mes prêtres en ce moment hors de Paris*, mais qu'on pouvait forcer la porte, un des perquisiteurs, que j'appris être un vieux capitaine d'artillerie, et qui avait autorité sur l'escouade, me répondit avec grossièreté :

— Oui, c'est encore un de ces brigands partis pour Versailles pour nous tirer des coups de fusil. Nous connaissons ça. Vous êtes tous les mêmes.

Quelle que fût la délicatesse de l'heure, il me fut impossible de souffrir en silence cette insulte. Je me réclamai du commandant contre cet homme qui m'outrageait; et je dois dire qu'il reçut une semonce. La porte de la cave fut enfoncée, l'intérieur du calorifère fut visité, un peu de vin fut bu, des ossements à fleur du sol furent examinés, tous les débarras qui encombraient le sous-sol de l'église furent remués, et nous franchîmes la porte qui s'ouvre sur le petit jardin du presbytère. Là aussi, quoique sous le ciel, se fit une perquisition sévère. Les abords, les alentours furent reconnus avec soin ; une échelle fut appliquée contre le mur mitoyen qui sépare le jardin et le presbytère des galeries de la maison de commerce, si connue sous le nom de *Petit-Saint-Thomas*; la vaste couverture de cet établissement fut visitée dans toute son étendue. Il se forma dans l'étroit espace du jardin un groupe inquiet. Un officier, ayant sondé le sol avec son sabre, trouva, juste au centre, un point où l'arme s'enfonça jusqu'à la garde. Il n'en fallait pas tant pour exciter l'émotion de tout ce monde. On s'appelle, on se montre l'arme enfoncée en terre, et l'on s'écrie :

— C'est ici !

Aussitôt, arrivent des hommes armés de bêches, de hoyaux, de pelles, et l'on se met en train, toute l'assistance faisant cercle autour des ouvriers, de creuser un grand puits à l'endroit désigné.

J'eus beau affirmer qu'on ne découvrirait rien qu'un monceau de plâtre et de gravois : on me répondit outrageusement que l'on savait, par les découvertes de Saint-Laurent, ce que l'on pouvait rencontrer à l'ombre des églises.

Chaque pelletée de terre était accompagnée de fragments de briques, de tessons, de débris de bouteilles, de blocs de plâtre, de quelques os de mouton ou de veau, épluchures de cuisine. Tout était touché, rangé, senti. Et l'on descendait toujours sans rien trouver de nouveau. On en était à deux ou trois mètres de profondeur, lorsque sonnèrent quatre heures.

— Commandant, dis-je à l'homme qui présidait à cette besogne, l'heure qui sonne est l'heure d'un exercice religieux dans cette église (c'était le mois de Marie) : puis-je le faire pour le petit nombre de personnes que la crainte y a retenues, sans avoir à redouter ni trouble ni profanations ?

— Oui, citoyen.

Toutes les portes de l'église étaient gardées, à l'intérieur comme à l'extérieur. Un tout petit groupe de femmes et d'enfants éplorés était agenouillé autour de l'autel de la Sainte Vierge. Je suis accueilli avec de grandes démonstrations, on m'embrasse les mains, on m'accable de questions, on me croit arrêté. Je l'étais peut-être, mais je n'en savais encore rien ; cela me suffisait pour rassurer de mon mieux ces excellents fidèles. Et, leur ayant annoncé que nous allions faire le mois de Marie à l'ordinaire, je montai en chaire pour la prière. Le mouvement bruyant, les allées et venues continuelles des hommes sinistres qui sont les maîtres de l'église depuis une heure, n'aident point au recueillement, mais ne nuisent point à la ferveur.

La prière n'était pas finie lorsque quatre porteurs des pompes funèbres, qui ne s'étaient pas laissé arrêter par la garde farouche veillant à l'entrée de la rue du Bac, se présentent avec un cercueil. Ils vont le déposer au lieu que je leur ai désigné de la main, pendant que je continue la prière. Descendu de chaire, seul avec les deux employés qui ne m'avaient pas quitté, je fais la cérémonie funèbre, et reviens à l'autel de la Sainte Vierge pour achever l'exercice commencé.

Mon instruction ne fut pas longue : il n'était pas plus possible que nécessaire qu'elle le fût. Le va-et-vient des perquisiteurs devenait plus animé. Ils demandaient à haute voix et apportaient à grand bruit de nouveaux instruments de travail. Les employés des pompes funèbres refusaient d'enlever le corps, qu'ils avaient eu beaucoup de peine à introduire dans l'église. Et quant à moi, j'étais un peu impatient de rejoindre les fossoyeurs que j'avais laissés dans le jardin du presbytère.

En quelques mots, je déplorai l'état présent de l'Église de Paris, le trouble profond répandu dans les âmes catholiques par les calomnies, au moyen desquelles de coupables écrivains, de véritables malfaiteurs de plume, s'efforçaient d'amasser la haine sur la tête du clergé, livraient nos églises à des profanations et à des dévastations sacrilèges, et appelaient sur les communautés religieuses les fureurs combinées de leurs séides avinés et de la populace ignorante. « En ce moment même cette église subit ces outrages : je demande une supplication solennelle pour faire amende honorable et réparation, autant qu'il est en nous. » Et le *Parce, Domine*, fut entonné et chanté trois fois, au milieu des sanglots de mon petit auditoire. Certes, il ne fut jamais chanté ni avec plus de courage, ni avec plus d'unanimité, ni avec plus de ferveur. Nos ennemis assistaient à cela l'arme au bras et la menace dans les yeux ; mais, je leur dois cette justice, il n'y eut pas le moindre désordre.

Mon ministère accompli, avant d'aller reprendre ma place au milieu des travailleurs qui bouleversaient mon petit jardin, je crus devoir déposer mon étole et mon rochet, que je n'avais pas eu le temps de quitter à la fin du catéchisme. Il me paraissait peu convenable de continuer à assister en habit de chœur à la violation, sinon à la profanation de mon église. En entrant dans mon cabinet, je constate aussitôt qu'il a été visité en mon absence, et qu'on a enlevé le peu d'argent qu'on y a trouvé. La somme était bien minime : soixante-douze francs quatre-vingt-dix centimes, le produit des quêtes à l'exercice du mois de Marie depuis le 1er mai ; plus quelque menue monnaie rangée sur une étagère, à l'intention des pauvres qui chaque matin viennent réclamer les secours de la charité : de cinq à six francs. Les quêtes étaient dans un grand sac de moquette, dont la disparition était facile à constater.

Dès que j'eus rejoint le commandant :

— Eh bien ! commandant, lui dis-je, avez-vous, depuis que je vous ai quitté, découvert quelque chose qui puisse me compromettre?

— Non, citoyen.

— Il n'en est pas de même de moi, commandant.

— Et qu'est-ce que vous avez découvert, citoyen?

— J'ai découvert, commandant, que vous avez des voleurs avec vous.

— Comment? des voleurs!

— Oui, des voleurs, et de la plus vile espèce encore, commandant : des voleurs qui entrent chez moi en mon absence, pendant que je suis avec vous, et qui me dévalisent pendant que je ne suis pas là pour défendre mon bien. Ils sont voleurs et lâches.

— Où cela s'est-il passé, citoyen ?

— Dans mon cabinet, commandant. Prenez la peine d'y venir voir.

Nous entrons dans mon cabinet, je montre la place où se trouvait le sac, je fais lire la note où j'inscrivais jour par jour le chiffre des quêtes depuis le commencement du mois; et, sans me faire une seule observation, cet homme, digne certainement de commander une autre troupe, sort précipitamment et fait sonner le rappel.

Réunis dans le cloître du comité de l'artillerie, les misérables dont il était le chef momentané reçoivent une verte semonce et sont sévèrement perquisitionnés à leur tour. Il ne pouvait y avoir aucun espoir de retrouver l'argent volé, mais il était moral de le réclamer, et j'avais obtenu une satisfaction signalée par le fait même du souci que j'avais excité dans la conscience de ce commandant.

Vingt minutes après, ses hommes revinrent; mais lui ne reparut pas. On m'apporta de lui une lettre curieuse, étonnante, invraisemblable, où il me disait que, malgré sa bonne volonté, il n'avait pu retrouver le sac enlevé, et qu'il me priait de m'assurer si quelqu'un de mes employés, par mesure de précaution, n'aurait pas mis ce sac en lieu de sûreté. Sur quoi il me demandait de lui répondre, parce qu'il tenait à éclaircir cette affaire.

Ma réponse était facile : elle ne se fit pas attendre; et je repris ma place auprès du groupe du jardin. Je le trouvai découragé, et peut-être un peu confus de l'inutilité du labeur qu'on avait entrepris. Leurs espérances de scandale étaient déçues pour cette fois.

Ils rentrèrent dans le sous-sol de l'église, surexcités par cette déconvenue et irrités par l'humiliation que je venais de leur infliger.

Il n'était plus question de trouver des cadavres ; j'avais, pour ainsi dire, bravé leurs recherches à cet égard. Le caveau même où étaient déposés, depuis la guerre, une douzaine de cercueils, avait été, par mes ordres, ouvert avec effraction, la clef ne s'étant pas trouvée à ma disposition, dans le trouble, très naturel d'ailleurs, de mes deux pauvres employés.

C'est à ce moment même que nous courûmes un danger réel. En passant devant l'autel de la Sainte Vierge, pour nous rendre au caveau dont je viens de parler, un des chefs demanda, après avoir frappé les dalles de son arme, s'il n'y avait pas là des voûtes à visiter. Je répondis, n'ayant jamais entendu parler d'un caveau en cet endroit, que je n'en connaissais pas, qu'il n'y en avait pas. Alors un ouvrier sort des rangs, et dit :

— On nous trompe, il y en a un.

— Je vous dis qu'il n'y en a pas.

— Et moi, je vous dis qu'il y en a un : je le sais, puisque j'y ai travaillé.

J'eus l'audace, au lieu de provoquer une vérification facile à faire, d'affirmer qu'il en imposait. Le chef et la troupe voulurent bien m'en croire ; et je me trompais.

Deux mois après, pour me débarrasser du souvenir de cette scène, je fis relever les dalles sur lesquelles elle s'était passée, et, à ma stupéfaction, nous nous trouvâmes sur l'ouverture d'une belle voûte, ayant toute l'étendue de la chapelle de la Sainte Vierge, et renfermant une quantité d'ossements et un cercueil très bien conservé, le cercueil de Mgr de Saint-Laurent, dernier évêque de Tulle avant la Révolution, et mort en 1791, rue des Saints-Pères, sur la paroisse de Saint-Thomas d'Aquin. Le frisson nous en vint à tous. Sans nul doute, si l'on ne s'en était pas rapporté à mon affirmation, dont la bonne foi devait percer dans mon accent, j'aurais été traité avec la justice sommaire du moment.

On espérait peut-être me prendre par quelque autre endroit. Le pavé d'une chapelle basse, placée au-dessous de celle de Saint-Louis, au chevet de l'église, fut tâté, exploré presque sous chaque dalle. Lorsqu'il résonnait sous les coups du levier de fer, le pavé était broyé, et l'on creusait un trou. Travail inutile! Rien ne sortait de ces explorations que des blocs de pierres et de la terre vierge.

Alors on s'en prit aux gros murs de l'édifice.

Les coups retentissaient tout autour. Un point ayant paru sonner creux, il fut décidé que le mur serait percé en cet endroit. J'eus beau réclamer au nom de l'édifice; j'eus beau affirmer qu'on ne parviendrait à découvrir que les galeries de tapis de la maison de nouveautés du *Petit-Saint-Thomas :* cette fois je ne fus pas cru, et le travail commença à grand renfort de pics, de leviers, de marteaux et de ciseaux.

Le travail fut long, difficile, pénible. On y resta jusqu'à sept heures un quart. On aboutit à ouvrir une large baie sur la galerie que j'avais annoncée. Tous ces hommes suaient et juraient. Ils étaient encore une fois mystifiés.

Et je triomphais modestement, comme il convenait à la situation.

Dès le commencement, j'avais pris la précaution de demander au commandant que, la perquisition faite avec toute la sévérité voulue et sans résultat compromettant pour l'église, on voulût bien me délivrer une attestation en règle à ma décharge. Mais le chef de la troupe n'avait pas reparu. J'avais la confiance qu'il ne me l'aurait pas refusée aussi favorable que possible. Je ne pouvais pas l'espérer telle des manœuvres que j'avais devant moi. Aussi ne songeai-je pas à leur en parler. Mais, fatigué de plus de quatre heures de planton en si mauvaise compagnie, la nuit d'ailleurs étant venue :

— Croyez-vous, dis-je au chef qui présidait à la besogne, et qui n'était autre que le vieux capitaine d'artillerie dont j'avais eu à me plaindre; croyez-vous qu'il ne serait pas temps d'arrêter ce travail de destruction? La nuit tombe, et vos hommes me semblent avoir besoin de repos.

— Oui, citoyen, me répondit-il, de ce ton que je connaissais : pour ce soir, nous nous arrêtons là. Nous reprendrons demain.

— Vous reviendrez demain, et vous me trouverez là.

Nous remontons vers la région de la lumière, mes deux employés précédant avec des flambeaux.

Arrivés au haut de l'escalier des caves, dans le vestibule qui sépare la sacristie de l'église :

— Capitaine, voudriez-vous vous assurer que vous avez tout votre monde ?

— Oui, citoyen, tous mes hommes sont présents.

— Eh bien ! capitaine, veuillez bien me regarder : j'ai quelque chose à vous dire. Vous êtes militaire, je le suis. Vous êtes capitaine, je le suis. C'est entre nous deux, de soldat à soldat, de capitaine à capitaine. Vous vous êtes permis de m'insulter d'abord, de me donner un démenti ensuite : vous savez ce que cela vaut entre nous.

— Je ne vous ai donné aucun démenti, citoyen.

— Vous m'en avez donné un ; ne l'aggravez pas par une dénégation. Pendant que vous dégradiez les murs de cette église, dont je suis le gardien et le défenseur, je vous ai prévenu, en vous donnant ma parole, que vous ne découvririez rien qu'une galerie d'une maison voisine. C'était dans l'unique but de vous empêcher de faire des dégâts inutiles. Vous m'avez répondu d'un ton et avec un regard qui seuls étaient une insulte : « Je sais ce que je cherche ; et je sais que je le trouverai dans cet endroit. » Comment appelez-vous cela, capitaine ?

— Je n'ai pas voulu, citoyen, vous donner un démenti. On nous avait assuré que nous trouverions ce que nous cherchions.

— Il fallait donc dire, capitaine, qu'on vous avait dit que vous trouveriez... et que vous n'aviez qu'à obéir. Cela est bien différent de l'affirmation que vous avez opposée à la mienne. Répétez donc devant

LA MADELEINE (P. 48.)

tous vos hommes que vous n'avez pas voulu me donner un démenti.

Il tire son képi, et répète à haute et intelligible voix ce qu'il venait de reconnaître.

Alors un lieutenant voulut prendre sa défense. Il ne me fut pas difficile de lui imposer silence. Un ouvrier, un des ouvriers qui venait de suer au travail inutile de démolition contre lequel j'avais élevé des réclamations, ayant osé se mêler à la conversation, je n'eus pas à le rappeler à l'ordre : il y fut rappelé de la bonne sorte et en des termes que je n'aurais pas employés, par le capitaine et le lieutenant réunis. Il reçut une douche capable de dissiper les fumées du vin qu'il avait bu pendant mon absence, et qui lui faisait rentrer dans la gorge les paroles messéantes qu'il voulait hasarder.

Sur cela, je fus tenté de donner, en signe de réconciliation, la main à un homme égaré, qui, tout grossier qu'il était, venait de reconnaître ses torts d'une manière inespérée. Je ne crus pas séant de le faire. Je venais de commettre une imprudence qui, en les provoquant, aurait pu rendre ces hommes plus coupables encore qu'ils n'étaient : il ne fallait pas l'aggraver par ce qu'ils auraient pris pour une défaillance. Mais, adoucissant la voix, et le regardant d'un air plus humain :

— Vous m'avez dit, capitaine, que vous reviendriez demain ; je vous répète que vous me trouverez ici pour vous accompagner partout, et pour vous *protéger*, ajoutai-je en souriant.

Et je fis signe à l'escouade que j'allais la conduire à la porte. Arrivés à la grille, avant de la fermer, je dis au chef, sans que je pusse me rendre compte de la pensée à laquelle j'obéissais :

— Quelque chose me dit que vous ne reviendrez pas demain.

La porte se ferma, et je rentrai à la sacristie.

Mes deux pauvres employés, MM. Heuzé et Dubois qui ne m'avaient pas quitté, étaient blêmes d'avoir assisté à cette scène, après toutes les autres de la journée. Ils avaient cru que nous allions être appréhendés au corps tous les trois, et que je serais fusillé sur place. Ils ne comprenaient rien à ce qui venait de se passer, et peu s'en fallait qu'ils ne me fissent des reproches de ma conduite et de mes paroles. Je m'en faisais à moi-même. Mais enfin, ils se sentaient sauvés pour cette fois. Restait la menace pour le lendemain.

— Non, leur dis-je, ils ne reviendront pas demain; ils n'ont plus que faire ici.

Et ils ne revinrent pas.

CHAPITRE TROISIÈME

L'école Saint-Guillaume. — Son envahissement par les gardes nationaux. — Leurs desseins néfastes — Ma harangue au chef du poste. — Le persécuteur devient protecteur. — L'école est sauvée.

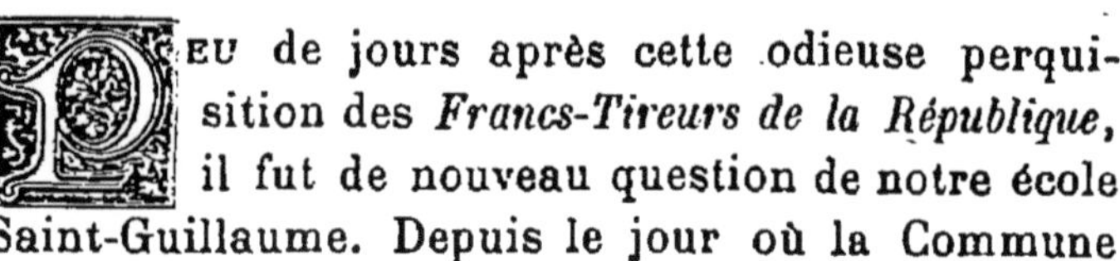

Peu de jours après cette odieuse perquisition des *Francs-Tireurs de la République*, il fut de nouveau question de notre école Saint-Guillaume. Depuis le jour où la Commune en avait fait l'inventaire, elle était restée occupée par un piquet de gardes nationaux; depuis le 5 du mois de mai, elle ne voyait plus ni Frères ni enfants. Le concierge de la maison vint, plus épeuré que jamais, m'annoncer qu'elle était menacée d'être livrée à un citoyen instituteur. Après une nouvelle visite faite *au nom de l'autorité*, la chose avait été décidée et arrêtée presque avec éclat, et l'on devait préalablement jeter par terre la cloison et les grandes portes qui de la dernière travée du préau font une chapelle pour les exercices religieux de l'école et des diverses Œuvres qui s'y réunissent le dimanche et les jours de fête. L'autel et tous les objets servant au culte allaient être renversés et profanés.

Les conseils de prudence qu'on m'avait prodigués ne m'arrêtèrent pas. J'avais été si favorisé de la Providence jusque-là, qu'il y aurait eu à la fois ingratitude et lâcheté de ma part à ne pas être fidèle à mon devoir de défenseur de mon droit et des droits de mon église. Je retourne donc à l'école, dont je franchis assez vivement la porte, quoique gardée par deux factionnaires. Il se trouvait dans le préau sept à huit gardes nationaux; trois ou quatre étaient occupés à faire, sur une table, de petits tas de café et de sucre.

— Je voudrais parler au chef du poste.

— C'est moi, citoyen.

Et tous me regardent d'une façon peu rassurante.

— Je suis le curé de Saint-Thomas d'Aquin; cette maison m'appartient; c'est ma maison d'école. Dans le désordre présent, on a arrêté les instituteurs qui venaient y donner des leçons aux enfants pauvres du quartier. Ces enfants, élevés gratuitement ici, étaient, de l'ayeu de leurs parents, appelés, pour quelques-uns du moins, à rendre des services à l'église, dans les cérémonies publiques. Ils se sont toujours distingués dans les concours établis par la Ville de Paris. Plusieurs sont devenus des ouvriers très habiles, quelques autres des artistes distingués. Cette école était un véritable bienfait pour le quartier. On me menace aujourd'hui de m'en déposséder. On veut installer dans ces classes des instituteurs que je ne puis ni ne veux recevoir chez moi. Ils veulent commencer par détruire une chapelle, le lieu de la prière des enfants, qui est derrière cette cloison et cette porte. Monsieur le chef du poste, je me réclame de vous. Vous êtes armé, et vous commandez pour défendre le droit. Je me mets sous la protection de votre qualité de bon citoyen, peut-être de père de famille : dans tous les cas, sous la protection de votre fusil. Vous voyez que je suis absolument désarmé pour me défendre moi-même.

Mon petit discours avait été bien long pour un pareil moment et pour de pareils auditeurs. Mais l'émotion montait à mesure que je parlais; et, bien que je fisse effort pour être calme, je sentais que j'étais emporté plus loin qu'il ne fallait.

Mais, ô surprise! voilà tous ces hommes qui s'étaient levés sans donner signe ni d'impatience ni d'hostilité. Le chef tire son képi, et, avec un accent que je n'oublierai de ma vie :

— Citoyen curé, dit-il, je trouve votre réclamation fondée. Je suis père de famille; j'ai quatre enfants, dont deux sont aux remparts. Je les ai fait élever pour être de bons citoyens. Je sais quelle protection il faut donner aux écoles. Je vous promets que celle-ci sera respectée. J'ai été d'une commission à la Commune; je m'en retire librement; mais j'y ai conservé des relations, et je puis vous y être utile. Veuillez me donner une note sur tout ce que vous venez de nous dire; je la remettrai moi-même à qui de droit, et je crois pouvoir vous assurer que mon appui ne vous sera pas inutile. En tout cas, il vous est acquis.

Il se comprend de reste que ma reconnaissance devait déborder. Après l'avoir exprimée de mon mieux, je me retirais pour aller écrire la note demandée, quand arrive un lieutenant pour inspecter le poste.

— Non, me dit le chef, ne vous en allez pas. Voilà notre capitaine inspecteur, qui n'est pas de trop. Répétez-lui ce que vous venez de nous dire; il l'approuvera comme moi-même, et nous aidera de son autorité.

Je répétai ma réclamation, mais plus brièvement cette fois. Le lieutenant n'y trouva point à redire; et je pus me retirer en renouvelant mes remerciements. Deux heures après, la note était remise. Quel en a été le sort? Je ne l'ai pas su. Les événements l'emportèrent sans doute quelques jours après avec nos ennemis. Mais ce qui n'a pas été emporté, c'est ma reconnaissance. Je conserverai tant que durera ma vie un souvenir profond et attendri de l'accueil qui me fut fait en cette circonstance. Il m'en reste aussi une sorte d'admiration pour le travail qui peut s'opérer, quand Dieu le permet, dans les âmes les moins bien disposées.

CHAPITRE QUATRIÈME

Une séance de trois heures en tête-à-tête avec un membre du Conseil du Salut public. — Effrayantes confidences et prédictions plus effrayantes encore. — Trois journées de Terreur. — Nous échappons à l'orage : actions de grâces.

VOICI certainement la circonstance la plus extraordinaire de tout ce qui m'est arrivé pendant cette horrible tempête de la Commune de Paris. Ce fut le cinquième dimanche après Pâques, 14 mai, tout à fait à la veille du dénouement sanglant de ce drame effroyable. Il était trois heures trois minutes environ; je venais d'entonner le *Deus in adjutorium* de vêpres. Mon plus jeune vicaire, M. de Cabanoux, m'écrivit au crayon, pour m'être remis à ma place au chœur, ces quatre mots : « Un homme à képi vous demande à la sacristie. Sur sa mine, je crois que vous devez vous hâter de sortir par la rue du Bac. » Il n'y avait pas à délibérer longtemps. Je me rends à la sacristie. L'homme au képi était aussi l'homme à la barbe. Droit, roide et couvert, c'est lui qui me reçoit chez moi. Il entre dans mon cabinet, prend place sans y être invité sur l'unique fauteuil, et commence en ces termes peu rassurants, toujours le képi sur la tête :

— Citoyen, je ne vous connais pas. Mais je passais non loin de cette église; j'ai pensé à y entrer pour vous faire une communication qui vous concerne, et qui peut avoir pour vous quelque intérêt. Vous venez d'être décrété d'arrestation à l'Hôtel de Ville. Je puis vous en parler savamment : j'y étais, je faisais partie du conseil. J'ai imaginé, je le répète, qu'il pouvait être de quelque utilité pour vous d'en être informé.

— Monsieur, lui répondis-je, je commence par vous remercier du bon office que certainement vous voulez me rendre. J'en suis d'autant plus touché, que je vous suis absolument inconnu. Mais, permettez-moi de vous adresser une question, qui ne peut être indiscrète après les ouvertures que vous venez de me faire : Êtes-vous chargé de m'arrêter ? êtes-vous ici pour cela ?

— Non citoyen : ce sera demain.

— Eh bien ! Monsieur, après vous avoir réitéré mes remerciements, permettez-moi une seconde question : Mes prêtres seront-ils arrêtés avec moi ?

— Non, à moins qu'il n'y en ait quelqu'un de jeune.

Ceci me fit trembler. Cet homme venait précisément de s'adresser à un tout jeune prêtre, le plus jeune de mes vicaires.

— Voici, Monsieur, ce que j'ai à répondre à vos avances obligeantes : Je suis un factionnaire ; je ne puis ni ne veux quitter mon poste, à moins que je n'en sois relevé par celui qui m'y a placé ; et vous savez bien qu'il ne le voudrait pas lui-même et qu'il ne le peut plus. Je serai donc dans cette église ou dans mon presbytère demain, cette nuit, tous les jours et toutes les nuits, prêt à me présenter à quelque heure que l'on choisisse pour m'arrêter.

Par une permission de la Providence, ma voix n'était ni plus ni moins altérée que si mon interlocuteur m'avait apporté la nouvelle la plus indifférente. Il me répéta une troisième fois « qu'il avait cru, passant par hasard près de mon église, qu'il pouvait être de quelque intérêt pour moi d'apprendre ce qui venait de se passer à l'Hôtel de Ville en ce qui me concernait. » Je m'inclinai, et j'attendis.

Il aurait pu lever le siège et me laisser à mes réflexions ; il trouva meilleur d'entamer une conversation qui devait durer jusqu'à six heures et demie ! Conversation étrange sur ce qui se passait à l'Hôtel de Ville; sur les mœurs et gestes du gouvernement qui y trônait; sur les malversations qui se commettaient ; sur les excès dont la cave du dernier préfet de la Seine faisait les frais ; sur les rivalités, les débats, les inimitiés entre les divers membres du gouvernement et du Comité de salut public ; sur les projets des mécontents qui n'avaient pas encore eu la fortune de monter aux affaires, etc., etc. Le thème était vaste : chaque minute amenait quelque nouvelle révélation. Toutes faisaient horreur. Il me fallait me surveiller de très près, pour ne pas me commettre d'une parole. Cet homme m'était une énigme : M'avait-il dit vrai en m'abordant? quel esprit l'avait poussé à entrer à Saint-Thomas d'Aquin, à me demander, à me faire la redoutable confidence? était-ce une mystification? était-ce une preuve de véritable intérêt? voulait-il tenter ma bonne foi? voulait-il m'arracher quelques paroles imprudentes? Tout cela et bien d'autres questions se précipitaient dans mon cerveau. Aucune réponse rassurante ne me venait ; mais, dès la première parole, je m'étais promis de faire, avec l'aide de Dieu, bonne contenance, et de ne pas laisser échapper une syllabe qui pût servir de prétexte avouable à un mauvais parti quelconque. Je fus fidèle à ma résolution. Lui demander son nom me parut imprudent. Cependant je finis par connaître celui qu'il m'aurait donné. Au courant d'une des révélations les plus mouvementées, il me dit, peut-être sans y songer, qu'il s'appelait le citoyen Morand. Sa qualité, il me l'avait dite presque en m'abordant : membre de la Commune, du conseil du Salut public. Tout ce que j'aurais pu apprendre davantage en ce moment ne m'intéressait pas.

Certes, dans cette interminable séance, je n'étais point à mon aise. Je la trouvais longue, lourde, étouffante. Et cependant je croyais prudent de ne pas en brusquer la fin. Je subissais mon sort, attendant qu'il plût à mon étrange visiteur de me laisser respirer. Mais je dois dire que l'angoisse était peut-être plus grande encore parmi mes prêtres et mes employés. Avant la fin de l'office, chacun était informé de ce qui se passait. On s'interrogeait du regard avec inquiétude. Quand arriva la fin des vêpres, on crut me délivrer en venant m'annoncer que j'étais attendu pour le salut. L'homme terrible ne bougea pas. L'inquiétude des miens n'en fut pas diminuée. Le salut se donna. On frappe à ma porte, « Monsieur le Curé, le mois de Marie que vous devez présider commence. » L'homme ne bouge pas. Alors ce fut une panique sans nom. La sacristie est désertée. Chacun prend un poste d'observation pour suivre du regard, sans être vu, ce qui allait arriver. On ne doute plus de mon arrestation. Mais l'homme ne démord pas.

Enfin six heures et demie vont sonner. Je n'en puis littéralement plus. Je prends le parti, qui me paraît hardi, de lever le siège et de prier l'homme de me rendre ma liberté pour le moment, lui promettant de nouveau de n'en pas abuser pour chercher à me dérober, et lui assurant itérativement que je serais là le lendemain. Il se leva aussi, et je le conduisis à la porte de la sacristie. Là, je m'arrête un instant, et, sans savoir ce que je disais : « Voulez-vous me permettre, Monsieur, de terminer notre longue conversation par ce dernier mot, qui en sera pour moi comme la conclusion? C'est que vous ne m'arrêterez pas du tout. » L'homme incline insensiblement la tête, et me répond laconiquement : « Peut-être! » Et ce fut ma délivrance. J'ai encore aujourd'hui une espèce d'oppression, rien que de penser à ces trois mortelles heures.

Quelques minutes après, tout mon monde accourt: on veut savoir qui est cet homme, ce qu'il me voulait, ce qu'il m'a dit, pourquoi il est resté si longtemps enfermé avec moi, de quoi nous sommes tous menacés. On a vu sa figure et son allure. Tout cela ne nous dit rien de bon. On se consulte, on veut absolument me faire quitter le presbytère. Ma parole donnée et toute sorte d'autres raisons s'y opposent : je résiste.

Le lendemain et les deux jours suivants étaient les Rogations. L'office public devait se faire comme de coutume : il reste réglé que mes vicaires diront la messe dès la première heure, afin de se mettre à l'abri, si le cas échéait, et que je ferai l'office public. On me laisserait bien le temps de le terminer si l'on venait pour m'arrêter.

Les choses se passèrent ainsi, et personne ne se présenta le lundi. En ces circonstances, un jour gagné vous paraît une victoire sur la mort. Le soir, on se félicita les uns les autres. Mais la préoccupation nous envahit bientôt de nouveau. « Et demain! et après-demain! » Les deux jours se passèrent comme le lundi, dans les mêmes transes, dans le même ordre, et eurent la même fin. Chaque soir, nouvelle congratulation; et la crainte du lendemain diminuait à mesure que nous nous éloignions de la soirée du dimanche.

Le jour de l'Ascension, nous n'étions pourtant pas encore pleinement rassurés. Qui sait si l'on n'aura pas voulu profiter de cette solennité pour donner plus d'éclat à une modeste arrestation? L'office fut célébré avec la pompe ordinaire, sans le moindre trouble. Après le salut solennel, suivi d'un court exercice pour le mois de Marie, tout le monde étant groupé autour du plus menacé d'entre nous, nous nous jetâmes dans les bras les uns des autres, et de toutes les bouches sortit cette même parole: « Enfin, nous sommes sauvés! ils ne viendront pas. » En effet, ils ne sont pas venus. Et grâces soient rendues à Dieu!

Nous avons vu huit jours après à quelle fin étaient réservés ceux des nôtres que ces monstres avaient conduits dans leurs prisons. Ni leur dignité, ni leur magnanimité, ni les services rendus, ni leur âge, ni leur vertu, ne purent protéger leurs vies contre ces sauvages civilisés. Grandes, saintes, héroïques et heureuses victimes, vous fûtes choisies pour payer de votre sang innocent les prévarications de notre malheureuse société et peut-être les fautes de quelques-uns d'entre nous! Soyez nos protecteurs comme vous avez été notre rançon!

CHAPITRE CINQUIÈME

La journée terrible. — Signes précurseurs; espérances de la Commune; ses clubs et ses journaux. — Une promenade dans Paris au soir du 21 Mai. — Scènes de la nuit; le presbytère envahi. — La guerre des rues; barricade de la rue du Bac. — Horrible drame qui se déroule sous nos yeux. — Nouvelles perquisitions dans l'église Saint-Thomas. — Dernier tête-à-tête avec un chef de la Commune. — La victoire des troupes de Versailles.

NOTRE délivrance eut lieu le 21 mai ; c'était le dimanche entre l'Ascension et la Pentecôte. La journée avait été inquiète. Le canon retentissait sur divers points de l'enceinte de Paris. Il nous semblait à nous, habitants du faubourg Saint-Germain, qu'il grondait surtout du côté de l'ouest et du nord-ouest, vers la porte de Neuilly et la place de Courcelles. Chacun devisait avec plus ou moins de crainte sur les événements qui ne pouvaient plus beaucoup tarder. Les clubs étaient ou faisaient profession d'être plus confiants que jamais dans le succès de la Commune. Le vendredi précédent, j'avais entendu les plus horribles blasphèmes, les menaces les plus effroyables dans celui de l'église Saint-Nicolas des Champs. Un membre du Comité du salut public, qui m'est absolument inconnu, que l'on disait autour de moi être le citoyen Tolain, était venu faire du haut de la chaire, des déclarations et donner des nouvelles capables de faire trembler les plus rassurés d'entre nous. D'abord, il ajoutait le poids de son affirmation triomphante, et apparemment bien informée, à ce que, toute la journée, on avait crié dans les rues de la ville, à savoir, que les *Versaillais* avaient été maltraités, culbutés et repoussés dans le bois de Boulogne, de la porte de Neuilly à celle du Point-du-Jour. Ensuite, il montrait le désarroi, le désespoir de l'*insurrection de Versailles*. Et des trépignements, des rires épouvantables avaient accueilli ses paroles. Alors l'orateur, encouragé, ajoutait ceci :

— Vous vous souvenez, citoyens, que M. Thiers s'est fait prophète, et qu'il a annoncé à ses *Versaillais* que dans huit jours ils seraient dans Paris. C'est demain le huitième jour : croyez-vous, citoyens, que M. Thiers tienne sa promesse demain ?

Nouveaux cris, nouveaux trépignements, nouveaux rires diaboliques; tous les poings se lèvent d'une façon menaçante.

— Eh bien ! citoyens, je vais, moi, vous faire une prophétie dont l'accomplissement est plus certain. Dans sept jours, la grande bataille aura été livrée. Nous serons vainqueurs ou nous serons vaincus ! Personne ici ne croit que nous soyons vaincus ?

— Non ! non !

— Nous serons donc vainqueurs ?

— Oui ! oui ! et applaudissements frénétiques.

— Oui, nous serons vainqueurs, je le jure; et je jure aussi que Versailles n'existera plus. Mais si nous pouvions être vaincus, alors Paris n'existerait plus.

Ici l'exaltation de l'auditoire ne connut plus de bornes. On se lève, on s'interpelle ; tous les visages sont enflammés, tous les yeux jettent des flammes.

— Oui ! oui ! c'est cela : mort et destruction ! Il faut en finir !

On conçoit que des scènes comme celles-ci, répétées à Saint-Sulpice, à Saint-Eustache, à Saint-Germain-l'Auxerrois, à Saint-Merry et dans vingt autres clubs, aussi incandescents que celui de Saint-Nicolas, n'étaient pas faites pour nous donner confiance et tranquillité. Un sale et ordurier chiffon de papier, *le Père Duchesne*, répandait le lendemain matin par milliers et milliers d'exemplaires ce qui s'était dit dans l'enceinte de nos églises profanées. Nous n'avions aucunes nouvelles certaines de ce qui se passait à Versailles. Les hommes les plus compétents, les hommes de guerre s'accordaient à regarder la prise de Paris comme extrêmement difficile, sinon impossible. Et, dans tous les cas, les plus confiants et les plus hardis n'espéraient rien avant le mercredi 24 mai.

Nous en étions là le 21. Le soir, entre sept et huit heures, je me hasardai à faire une tournée de clubs, pour me tenir au courant de la physionomie du Paris de la Commune, et des menaces qui planaient sur nos têtes. Sorti de chez moi, sans itinéraire tracé, je m'acheminai vers les Champs-Élysées, pour commencer mon information par Saint-Philippe du Roule, et la continuer par Saint-Augustin, la Madeleine, la Sainte-Trinité, Saint-Roch, Saint-Eustache, Saint-Nicolas des Champs, Saint-Merry et Saint-Germain-l'Auxerrois. Telle fut ma promenade, un peu longue, un peu fiévreuse, de ce soir-là.

A mon grand étonnement, je trouvai les Champs-

SAINT-SULPICE (P. 40.)

Élysées déserts, les rues peu fréquentées et toutes les églises fermées. Pas un seul club dans tout ce parcours. De mornes et rares bruits, une sorte de silence pour Paris. De temps en temps seulement, quelques coups de canon dans la même direction que pendant la journée, comme pour tenir la ville éveillée et l'avertir que tout n'était pas fini.

Je rentrai chez moi aussi fatigué de ma course que surpris de l'état dans lequel j'avais trouvé la partie de Paris ordinairement la plus mouvementée et la plus bruyante. Mais rien ne m'avait fait soupçonner l'événement qui venait de s'accomplir, et dont personne encore n'avait connaissance, en dehors d'Auteuil et de Passy.

Une inquiétude vague et sans objet précis me tint éveillé jusqu'à deux heures de la nuit. Tout à coup j'entends, dans la rue du Bac, venant de la rue de l'Université ou du quai, le pas lourd et cadencé d'une troupe s'avançant en silence, que je pris pour une patrouille nombreuse marchant au pas de charge. Elle s'arrête devant la porte de mon presbytère, en faisant retentir le trottoir et la chaussée de la chute bruyante de ses armes. En même temps le marteau frappe la porte ; les cris : « Ouvrez vite ! » se font entendre ; et, comme la porte ne s'ouvrait pas assez promptement, une clameur s'élève : « A nous, la patrouille ! Enfoncez la porte ! » Et le marteau heurte à coups pressés. Je suis obligé de donner l'ordre d'ouvrir.

Dès les premiers coups, tout le monde avait été sur pied dans le presbytère. Les uns cherchaient le moyen de se sauver, les autres songeaient à se cacher ; les femmes et les enfants de mes employés pleuraient et commençaient à crier. Quant à moi, après un moment d'hésitation pour savoir si j'attendrais dans mon lit ces importuns visiteurs ou si je me lèverais pour les accueillir, je sautai de mon lit pour leur faire ouvrir la porte ; je pris à la hâte mes meilleurs habits, et m'assis sur mon plus vaste siège pour les attendre, comme un Romain, sur ma chaise curule. Pour personne dans la maison l'heure de mon arrestation ne faisait doute. Chacun me reprochait *in petto* de n'avoir pas voulu chercher un refuge hors du presbytère. Le sort qui m'attendait allait être funeste à mes confrères. C'était le côté le plus douloureux de ma situation.

Cependant, la porte s'était ouverte au milieu des menaces et des imprécations. Une escouade s'était précipitée dans la cour, laissant le gros de la troupe à la porte pour la garder, et de la cour s'était engouffrée dans un long et obscur vestibule, qui conduit à un escalier conduisant lui-même à l'église. Enfoncer une double porte, traverser l'église, forcer une autre porte, gravir l'escalier du clocher et faire céder une dernière porte, fut pour cette trombe d'hommes armés l'affaire d'un instant. Mais ce fut un instant auquel l'angoisse donnait une durée d'agonie. Personne ne comprenait ce qui se passait, ne savait ce qui allait arriver. La nuit même ajoutait une terreur particulière à ce mystère. Le silence qui s'était rétabli à la porte, celui qu'avaient gardé les hommes détachés pour occuper la maison ou l'église, nous ne savions, étaient plus sinistres que les cris et les menaces dont avaient d'abord été frappées nos oreilles.

Tout à coup retentit le tocsin. Nos poitrines oppressées commencèrent à respirer. Nous comprîmes tout de suite que l'irruption nocturne avait un autre but que notre arrestation pure et simple, et que, puisque le tocsin sonnait, il y avait du nouveau sur le pavé de Paris. La sonnerie dura à peu près dix minutes. En même temps s'entendaient les cloches de Sainte-Clotilde, de Saint-Germain-des-Prés, ou peut-être de Saint-Sulpice. C'était par conséquent un grand branle-bas sonné par la Commune en détresse. Tout cela était probable ; mais tout cela n'était pas capable de nous soulager entièrement encore de nos préoccupations trop légitimes. Rien n'était certain, rien n'était clair, rien ne nous rassurait contre les caprices féroces de nos ennemis. Ils pouvaient même, s'ils étaient eux-mêmes menacés, se venger sur nous des défaites qu'ils craignaient.

Sans avoir pu communiquer entre nous, les mêmes pensées nous agitaient et nous faisaient flotter entre la crainte et l'espérance, lorsque l'escouade, descendant de l'église aussi précipitamment qu'elle y était montée, sortit du presbytère, fermant avec fracas la porte derrière elle, continuant sa ronde militaire, et nous laissant dans un ébahissement de satisfaction, comme si nous venions d'échapper à la mort.

Eux partis, on tint conseil. Chacun dit ses impressions et ses espérances. Mais il n'était que deux heures et demie. Comment pouvoir se renseigner? Sur les trois heures, nous députâmes vers les quais un de nos officiers d'église les plus intelligents, et lui recommandâmes d'écouter les moindres bruits, de s'avancer avec prudence et d'interroger avec discrétion s'il rencontrait quelqu'un de mine abordable, puis, de revenir immédiatement nous informer.

Un quart d'heure après il était de retour, avec la nouvelle à peu près certaine, bien qu'il n'eût pu la contrôler, que les Versaillais étaient dans Paris, qu'on était maître de l'École militaire et du Trocadéro.

Quelque désir que nous eussions de croire à la vérité de ces nouvelles, elles étaient si grosses et si extraordinaires, que nous n'osâmes pas nous livrer à la joie. Une demi-heure après, nouvelle mission donnée au même employé, avec recommandation réitérée de mettre tous ses soins à se bien renseigner. Cette fois, ce fut l'affaire de quelques minutes. La mer montait rapidement; les bruits s'accentuaient de manière à ne laisser aucun doute sur ce qui se passait. L'agitation, les marches et contremarches précipitées des communards disaient toutes seules que l'heure de la délivrance avait enfin sonné. Le tambour battait partout; le Trocadéro et l'École militaire étaient bien en la possession de l'armée de l'ordre. Mais, inquiétude nouvelle! la guerre des rues allait commencer à l'heure même, et, sans que nous pussions mettre en doute l'issue de la lutte, il nous était impossible de nous dissimuler qu'elle serait acharnée et qu'il y aurait bien du sang versé.

Il n'était pas cinq heures : la rue du Bac voyait ses tranquilles habitants mettre leurs têtes aux fenêtres, se demander d'où venait ce mouvement inaccoutumé qui avait avancé leur réveil. Le tambour, les cris : « Aux armes! » le clairon, le sifflet, ce sinistre sifflet dont les fédérés avaient fait un si fréquent usage, tout retentissait à la fois. Pour nous préparer à tout ce qui pouvait être demandé de nous, et nous prémunir contre de très prochaines éventualités, chacun de nous se hâta de célébrer la sainte messe.

Je crus devoir prévenir de ce qui se passait nos chères Sœurs de la Charité de la rue Saint-Guillaume, afin qu'elles ne fussent point trop effrayées du bruit et du mouvement des rues, et qu'elles ne quittassent pas leur maison. Une affiche placardée dans tout le quartier deux jours auparavant, les avait menacées d'expulsion ce matin même, pour être remplacées dans leurs classes par des citoyennes institutrices. Il ne fallait pas qu'elles crussent que leur heure était venue.

En rentrant à l'église, je trouvai le pavé de la rue Saint-Dominique déjà attaqué. On me laissa passer sans m'insulter. Je fis fermer les portes de l'église, dans la persuasion de ce qui allait arriver. Le comité de l'artillerie était un poste où devaient se réunir l'état-major de la défense du quartier et les troupes de réserve de la Commune. Avant sept heures, nous avions là, presque dans l'église, plus de trois cents hommes de toutes armes et de tous uniformes.

Un des premiers actes de leurs chefs fut de forcer une porte de communication entre le comité et l'église de Saint-Thomas d'Aquin. Trois de mes prêtres et moi, qui étions en ce moment dans la sacristie, fort occupés de cet inquiétant voisinage, nous eûmes la surprise de voir arriver sur nous, l'arme haute, un peloton de très mauvaise mine. Je m'avance :

— Messieurs, d'où sortez-vous? où allez-vous? Que cherchez-vous?

— Citoyen, nous venons reconnaître ces lieux : nous voulons savoir si nous sommes menacés ici.

— Mais, Messieurs, vous voyez bien que vous êtes dans une église. Toutes les portes en ont été fermées dès la première heure, ce matin. Par où avez-vous pu pénétrer jusqu'ici?

Ils ne firent pas difficulté de confesser qu'ils étaient entrés comme par une brèche, par une porte forcée; ils se livrèrent à une visite sommaire de toutes les dépendances de l'église, et je les reconduisis à l'endroit par où ils étaient entrés, en les priant de refermer cette porte et de nous tenir quittes de toute nouvelle visite.

Ils promirent. Mais une heure après, nouvelle invasion par une autre escouade commandée par d'autres chefs, et qui à ses armes joignait des instruments de démolition, des pioches, des leviers, etc. Nouvelle réclamation de ma part, et perquisition plus sommaire que la première. Ces incommodes visiteurs sont reconduits dans le comité de l'artillerie et je demande à parler au chef qui commande leurs bandes. Il est difficile de le trouver. Il y a beaucoup de gens à galons, mais pas de chef. Je suis entouré de marins, de gardes nationaux, de soldats, d'artilleurs; mais je ne vois pas un officier qui ait le commandement de la cohue. On finit pourtant par me faire parler à un personnage qui peut bien porter le titre de lieutenant-colonel. Je lui expose le but de ma présence au milieu de ses hommes; je lui fais connaître dans quelles circonstances mon église a reçu une double visite armée, alors que toutes les portes en étaient exactement fermées; je lui parle de l'effraction inutile qui avait eu lieu, de la promesse qui m'avait été faite de ne pas renouveler, ainsi qu'on venait de le faire, une invasion sans objet, et je lui demande de protéger mon église, ainsi que les paisibles habitants de mon presbytère.

Chose singulière! malgré l'émotion de l'heure présente, pas une de ces figures menaçantes ne parut indignée de mon audace, pas une parole d'outrage ne fut prononcée. On prit même la peine de m'expliquer avec convenance pourquoi d'abord on avait cru pouvoir enfoncer une porte mettant en communication leur poste avec des lieux inconnus d'eux, et comment ensuite il avait pu arriver que, sans violer la parole donnée, on fût rentré dans l'église : le commandement n'était pas en une seule main; chaque officier se croyait autorisé, obligé même à faire toutes les diligences pour prévenir une surprise, dans une situation qui pouvait devenir critique.

Content et presque reconnaissant de ces explications, je me retirai, après remerciements, mais non toutefois sans avoir obtenu une nouvelle promesse que nous ne serions plus inquiétés. Nous verrons bientôt si l'on nous tint parole.

Cependant, la rue du Bac était devenue le théâtre d'une très chaude et longue affaire. A mesure que nos soldats s'avançaient prudemment, poussant devant eux ce qu'ils rencontraient de défenseurs de la Commune, et cherchant à reprendre tout d'abord les ministères et la direction des télégraphes, les fédérés se massaient dans la ligne du faubourg

Saint-Germain qui va des quais à la gare du chemin de fer de l'Ouest, et barricadaient la rue du Bac. La première barricade se fit un peu au-dessus de la rue Saint-Dominique, au coude que fait la rue en cet endroit. Heureusement il se trouva près de là un homme de cœur, officier de la garde nationale de l'ordre, lequel, avec cinq ou six de ses hommes, sur qui il pouvait compter, vint attaquer et emporter, par un coup de main hardi, cette première défense de la Commune. M. Durouchoux, — c'est de lui qu'il s'agit — fut mortellement blessé, ainsi que trois des siens; mais ils avaient abattu le drapeau rouge et planté à sa place le drapeau tricolore, et ils avaient, au prix de leur vie, donné le temps à nos soldats de venir les remplacer dans ce poste très important au centre du faubourg Saint-Germain.

De ce moment, la rue du Bac devint le champ clos d'un véritable et long combat très meurtrier. Les hommes de la Commune, pour se retrancher derrière une nouvelle barricade en vue de la première, emmenèrent un *omnibus*, à trois qu'ils étaient, l'un sur le siège, l'autre sur l'impériale, le troisième dans l'intérieur; et cette grosse voiture, renversée en travers dans la rue, devait devenir le noyau d'une forte défense. Il fallait trouver l'emplacement le plus favorable pour la construire. Il y eut conseil pour cela. La première pensée avait été de se fortifier à l'entrée de la rue de Gribeauval : c'était le moyen de protéger le comité de l'artillerie, point important à défendre, et d'empêcher qu'on ne fût tourné par cette petite rue, à laquelle communiquait la rue Saint-Dominique par la place de Saint-Thomas d'Aquin; c'était aussi le moyen de s'abriter contre les attaques du haut et du bas de la rue du Bac.

Néanmoins, après une station de quelques minutes et une délibération assez animée des chefs, il fut résolu que la barricade serait faite à l'angle de la rue du Bac, devant la porte d'entrée de la maison du Petit-Saint-Thomas. Là elle commandait le bas de la rue jusqu'aux quais, et le haut jusqu'au poste qu'on avait été obligé d'abandonner. L'omnibus fut ramené et aussitôt renversé sur le lieu indiqué. Les chevaux disparurent, et les pavés commencèrent à tomber, dru comme grêle, dans la caisse de la voiture et à s'entasser sur les trottoirs de droite et de gauche. Des deux côtés aussi, du côté droit surtout, pleuvaient en même temps literies et meubles : chaises, tables, matelas, paillasses, couvertures, lits de plumes, etc, pour couvrir, élever et rendre plus protecteur ce mur de défense.

Ce travail ne se faisait pas si paisiblement qu'il ne fallût échanger force coups de fusil avec les maîtres de la première barricade. Mais l'espace qui séparait l'une de l'autre restait désert. Je pouvais, sans trop de danger, assister des croisées de mon appartement à ce feu, jusque-là peu meurtrier. A ce moment de l'affaire, j'en fus quitte pour une balle qui vint se loger dans mon salon.

Pendant cette escarmouche, on faisait une perquisition dans la maison du Petit-Saint-Thomas, et des réquisitions odieuses dans les maisons en face. Outre la literie et les meubles jetés par les fenêtres pour servir à la barricade, on emportait tout ce qu'on trouvait à sa convenance.

Le Petit-Saint-Thomas fut occupé tout entier,

comme point important. Ils craignaient d'être tournés par là; et de cette vaste maison, ils commandaient en même temps la rue de l'Université et la rue du Bac; ses nombreuses ouvertures étaient autant de meurtrières d'où ils pouvaient tirer sur les soldats de l'ordre, sans craindre d'être atteints eux-mêmes. La galerie qui touche à mon presbytère, avec sa terrasse plate, fut pour eux un point d'attaque et de défense qui fit beaucoup de mal aux nôtres. Ils avaient couvert de matelas la balustrade en fer qui donne sur la rue du Bac. Plusieurs de leurs hommes, couchés à plat ventre sur le zinc de la terrasse, visaient à travers les barreaux de la balustrade nos pauvres soldats et nos gardes nationaux, et tiraient sur eux, comme on tire sur le gibier à l'affût. Et pour ne pas perdre de temps ni s'exposer en se relevant pour charger leurs armes, il se les faisaient charger par d'autres misérables abrités derrière les cheminées. Ainsi ils tiraient sans relâche et sans danger.

Ces chasseurs d'hommes, quand ils avaient atteint leur gibier, poussaient des cris, des clameurs horribles : « Il en tient!... Le voilà qui tombe!... Il dégringole!... » etc. Leur férocité était d'autant plus hideuse, qu'elle s'était mise hors de danger, qu'elle était mieux abritée contre les coups de leurs adversaires. Ce spectacle, auquel j'assistais de mes fenêtres et que je touchais pour ainsi dire de la main, puisqu'il n'était pas à vingt mètres de moi, me glaçait d'horreur.

Mais il ne devait pas heureusement avoir de durée. Nos soldats arrivaient. Il était dix heures à peu près. Les maisons des angles de la rue Saint-

Dominique et de la rue du Bac, furent occupées. Alors le combat devint plus chaud. La fusillade était nourrie. Il était évident que le pavé serait disputé là avec acharnement, et que les deux partis attachaient une grande importance à sa possession.

Les communeux se décidèrent à tenter un grand effort pour reprendre la barricade qu'ils avaient perdue, et qui leur faisait du mal en ce moment. J'assistai à cette tentative digne d'une meilleure cause. Tout à coup nous voyons sortir de derrière leur défense une douzaine d'entre eux : l'un, armé d'un drapeau rouge, tenant le milieu de la chaussée ; un second, battant le tambour, suivait le trottoir de droite ; un troisième, sonnant du clairon, tenait le trottoir de gauche ; le reste suivait, le fusil en joue et tirant à chaque pas. Le feu des nôtres les couvrait, mais sans les empêcher d'avancer toujours aux cris de : *Vive la Commune!*

Arrivés à peu près au milieu de l'espace qui sépare la rue de Gribeauval de la rue Saint-Dominique, les pertes qu'ils éprouvaient et l'intensité du feu qui les accueillait les forcèrent à reculer. Mais ils ne se tinrent pas pour vaincus, car ils renouvelèrent deux fois encore la même tentative, avec les mêmes cris, la même fureur et aussi le même insuccès. La dernière fois, ils ne purent arriver qu'à la hauteur de la rue Gribeauval. Le tambour ne cessa jamais de battre, ni le clairon de sonner. Le drapeau rouge tenait toujours le milieu de la chaussée. Il me serait impossible de dire combien d'hommes restèrent sur le carreau ; mais la troupe, à la fin, était sensiblement diminuée.

Alors il se fit un changement dans l'ordre de la

bataille. Les fédérés, voyant qu'ils allaient être débordés, firent avancer une pièce de canon. Nous n'en fûmes avertis que par le premier commandement : *Feu!* L'explosion fit tout trembler, dans une rue si haute et si étroite. Toutes les vitres éclatèrent du coup. Et l'on peut dire que l'émotion des âmes fut aussi universelle et aussi profonde que l'ébranlement des maisons. On put craindre un instant pour le succès de l'affaire sur ce point. Elle devint plus vive; les maisons furent criblées de projectiles; la fusillade devenait de plus en plus intense; on poussait des cris épouvantables, et cela dura toute la soirée. Les conseils des fédérés devenaient plus orageux à mesure que le danger augmentait. Les blasphèmes emplissaient la rue. Il y avait des menaces bruyantes dont nous ne pouvions préciser ni les termes, ni la signification; mais les gestes nous en indiquaient la violence.

La nécessité de veiller à ce qui pouvait survenir soit en mon église, soit en mon presbytère, me faisait incessamment monter et descendre de l'un à l'autre. Pour empêcher que les cris des femmes et des enfants de mes employés n'éveillassent l'attention du dehors, afin aussi de les mettre à l'abri des projectiles qui tombaient nombreux sur la maison, dans la maison et dans la cour, on les fit descendre dans les caves de l'église. L'église elle-même ne fut pas préservée. Du côté sud, au-dessus du grand portail, la croisée et le cadran de l'horloge furent traversés par une balle qui vint entamer l'arc-doubleau de la voûte entre la première et la seconde travée. A l'ouest, la grande verrière qui éclaire le transept de droite fut aussi endommagée. Mais nous étions plus préoccupés du voisinage des fédérés et de leurs visites que de leurs balles. Et ce n'était pas sans raison.

De midi à trois heures, ils se livrèrent à une troisième perquisition. Celle-ci fut moins longue qu'importune. C'était toujours un signe d'anarchie dans ce camp retranché, une preuve de défiance contre nous ; et enfin cette agitation témoignait assez que la situation de nos ennemis devenait d'heure en heure plus périlleuse. Tout cela pouvait nous devenir fatal.

Dans le presbytère, nous étions menacés de pillage. La cour se remplissait d'une bande ivre de fureur, et qui pouvait se croire maîtresse de tout ce qu'elle occupait. Je remontais chez moi toutes les dix minutes, m'imaginant, sans doute sottement, que ma présence pourrait empêcher quelques dégâts et quelques rapines. Chaque fois je trouvais mon appartement troué de nouveaux projectiles, balles engagées, balles aplaties et un biscaïen. La journée semblait longue et la bataille bien disputée. Il n'était plus permis de s'aventurer à regarder, même avec les plus grandes précautions, par les croisées. Nous ne savons désormais rien du dehors qu'à travers les portails de l'église et du presbytère, et par la vivacité du tir. Il ne nous venait pas dans l'esprit un doute sur l'issue finale du combat, mais nous ne pouvions nous défendre d'une impatience inquiète de savoir où en étaient les affaires.

La fatigue de la journée et le besoin de prendre un peu de nourriture m'avaient fait chercher un refuge au rez-de-chaussée du second corps de bâtiment du presbytère, entre la cour et l'église. Il était environ six heures et demie du soir. J'avais ouvert la croisée qui donne sur le petit jardin attenant à l'église, en face de la porte des caves où se trouvaient les enfants et les femmes des employés. Ces caves communiquent avec l'église, dont elles sont le sous-sol, par un escalier partant des sacristies, et avec le presbytère par la porte que j'avais en face de moi. Cette disposition leur donnait l'air d'un passage souterrain ouvert aux nôtres pour surprendre les soldats de la Commune, enfermés dans le Comité de l'artillerie.

J'étais assis devant une petite table, tout près de la croisée, plus occupé de nos tristesses que du pauvre dîner qui m'était servi. Tout à coup un bruit de pas précipité, un cliquetis d'armes qui se choquent, et en même temps une parole de menace me font regarder du côté de la porte des caves. C'est une escouade de fédérés, conduite par le chef qui avait fait le matin la deuxième perquisition dans l'église. M'ayant aperçu par la croisée près de laquelle je me trouvais, cet officier courait sur moi, l'épée haute, en prononçant avec animation ces paroles :

— Nous l'avons découvert enfin, citoyen, ce passage secret que vous n'avez pas voulu nous faire connaître. Vous allez nous rendre raison du danger que vous nous avez fait courir.

Sans en entendre plus long et sans prendre le temps de répondre un seul mot, je me précipite au-devant de ces malheureux, et prenant leur chef par le bras qui tenait l'épée :

— C'est vous, capitaine, qui allez me rendre compte de vos paroles inconsidérées.

Pour reprendre la barricade qu'ils avaient perdue.... (P. 61.)

Et, toujours attaché à son bras, sans m'occuper de sa suite, je le conduis dans la cour du presbytère, en ce moment remplie de communeux, noirs de poudre, se défendant à outrance, par la porte cochère, contre nos soldats qui les serraient de près.

— Capitaine, connaissez-vous ces hommes-ci ?

— Oui, répond-il tout ébahi, ce sont des nôtres.

— Eh bien : ai-je pu vouloir vous faire tourner et surprendre ?

— Non, me dit-il.

— Avez-vous eu besoin de briser les portes pour arriver jusqu'ici, comme ce matin pour entrer dans l'église !

— Non, citoyen...

— Eh bien encore ! dites cela bien haut devant vos hommes, aux armes desquels vous alliez me livrer.

Et il le répéta très-haut, après avoir ôté son képi.

Je me retirai lentement devant ces hommes, qui me suivaient d'un regard farouche. Sur le seuil de ma porte, je rencontrai deux *Bellevillois* des plus hideux. Ils avaient vu le mouvement de leur chef ; ils me laissèrent le passage libre, et me demandèrent un verre d'eau. On leur apporta à boire et on remplit leur gourde, et je crus pouvoir leur conseiller un meilleur emploi de leurs forces et de leur temps que celui qu'ils en faisaient en ce moment.

— Oh ! nous sommes *religionnaires*, me dit l'un d'eux. J'ai fait ma première communion, et je vais encore quelquefois à l'église. Mais nous n'avons pas le temps. Nous ne vous ferons pas de mal.

Après encore quelques mots, je rentrai chez moi.

J'étais à peine assis, que celui de mes employés qui ne me quittait jamais aux moments critiques, le brave et intelligent Heuset, accourt, moitié joyeux, moitié effrayé :

— Voici ce que vient de me dire le capitaine qui vous menaçait tout à l'heure : « Voilà un bon diable de curé qui n'a pas peur ; à la bonne heure ! si tous avaient fait comme lui, il y aurait eu moins de mal. Mais allez lui dire que je ne suis pas sûr de mes hommes, et que je ne voudrais pas qu'il m'arrivât un malheur. Je le prie de quitter sa soutane et de prendre un autre habit. Je serais désolé que quel qu'un lui fît du mal. »

Très touché de cette attention de sa part, je ne fis aucune difficulté de changer d'habit, et je me mis en douillette.

A mesure que le jour baissait, le feu se ralentissait. A la nuit tombante, on n'entendait guère que des coups isolés. Mais comme on ne pouvait ni ouvrir les portes ni se mettre aux fenêtres, nous ne savions rien des événements accomplis. L'inquiétude en était d'autant plus grande. Le sifflet des fédérés, place de Saint-Thomas d'Aquin et rue Saint-Dominique, déchirait sans cesse la lourde atmosphère que nous respirions : donc, ils tenaient encore; jusqu'à quand? où en était la bataille, non seulement chez nous, mais dans les autres quartiers de Paris? Certainement l'armée du désordre devait se défendre à outrance ; il s'agissait pour elle de vie ou de mort : elle ne devait céder que pied à pied. A quelles extrémités allait-elle se livrer ? Toutes ces menaces nous revenaient à la mémoire. Allions-nous sauter par l'explosion des mines dont tout le monde parlait depuis plus de trois semaines? en serait-ce fait de Paris, comme l'avait dit l'orateur du club de Saint-Nicolas-des-Champs? Il est plus facile de se faire une idée de nos angoisses que de les rendre. La nuit pouvait être effroyable, une nuit de cataclysme. Il devenait de plus en plus impossible de se rendre compte de l'état des affaires. Peu à peu il se fit un apaisement : le silence autour de nous devint profond, redoutable.

C'est alors que, entre une et deux heures de la nuit, le poste du comité de l'artillerie, désespérant de pouvoir tenir le lendemain, me fit demander si je lui permettrais de se sauver par l'église. La demande était bien humble pour des hommes qui étaient maîtres de nos vies la veille. Je répondis sans hésitation que je le leur permettais, à la condition toutefois qu'ils laisseraient leurs armes dans le poste et qu'ils sortiraient sans bruit. Tout fut ainsi exécuté; et à la première heure, le matin, le poste fut occupé par les nôtres, un peu surpris de le trouver vide.

Telle fut, pour notre quartier, cette journée mémorable. Personne ne savait, personne, de quelques jours, ne devait savoir par quel événement heureux et inattendu les troupes de Versailles avaient pu pénétrer dans Paris, gardé et défendu avec fureur, et dont l'assaut n'avait pas été tenté.

Nous nous réjouissions d'une victoire désormais assurée. L'armée, déployée en éventail, balayait devant elle la tourbe déconcertée de nos ennemis. Mais nous ne savions pas quelles horribles vengeances ils allaient exercer, de quelles barbaries sans nom ils allaient déshonorer le nom français!...

CHAPITRE SIXIÈME

Coup d'œil rétrospectif : exemples de dévouement à la bonne cause. — Démarches courageuses et désintéressées. — Inspirations héroïques. — Un négociant qui devient le confident le plus sûr et le protecteur le plus infatigable du curé de Saint-Thomas.

SORTONS de ces douloureux souvenirs, et laissant à la froide histoire le soin de raconter la fin de ce drame fratricide, reposons-nous, si vous le voulez, en rappelant quelques traits qui honorent le cœur humain, autant au moins que l'humilient les crimes de ces jours de malheur. Encore ici vous n'apprendrez que ce qui s'est passé sous mes yeux et parfois même à mon occasion.

Dès que fut ouverte l'ère des incarcérations, il se fit parmi nos amis, qu'on n'appelait pas encore *cléricaux*, un mouvement d'inquiétude et de protection, empruntant les formes les plus diverses. Des hommes de loi voulurent bien exposer leur tranquillité pour nous offrir de nous défendre, autant que la chose serait possible, dans ce renversement de toute justice, contre les hommes néfastes qui trônaient à l'Hôtel de Ville, au Palais de justice et à la Préfecture de police. C'est ainsi que M. Plou, avocat, dont le mérite professionnel était relevé par sa foi et son courage chrétien, nous fit offrir son dévouement et ses services. Il savait à quoi il s'exposait, car il connaissait personnellement plusieurs de nos ennemis. Mais on aurait dit qu'il se croyait assez protégé par l'infirmité cruelle de sa cécité. Quoi qu'il en soit, très lié avec quelques prêtres de Notre-Dame des Victoires, notamment avec M. l'abbé Amodru, depuis peu curé de Notre-Dame des Vertus d'Aubervilliers, il se servait de cette industrieuse amitié pour nous faire parvenir ses conseils et répondre à nos communications. Il fut ainsi secourable à beaucoup d'entre nous. Par ses informations très précises, nous étions mis à même d'éviter ou de prévenir bien des embarras. Son bienveillant accueil, la sérénité constante de son visage et de sa parole, nous étaient un soutien et une force. Lui seul peut savoir le nombre de ses obligés et l'importance des services qu'il sut rendre. On aurait dit qu'il était assuré contre les coups de nos proconsuls, et sûr d'obtenir d'eux ce qu'il pouvait leur demander.

Des secours d'un autre genre, peut-être plus méritoires, furent accordés à quelques-uns d'entre nous.

Personne n'a oublié les inspirations courageuses des *Dames de la Halle*, en faveur de leur bien-aimé curé, M. l'abbé Simon, de douce et gracieuse mémoire. Il leur dut de sortir de la Conciergerie et de rentrer, au milieu de son troupeau, dans son presbytère.

Il ne fut pas seul à recevoir cette signalée faveur de la Providence. M. le curé de Montmartre et un de ses vicaires furent sauvés d'une manière plus surprenante encore. J'ai nommé déjà Mlle Le Maraisquer, dont le coquet appartement, rue du Bac, fut dévasté par les hommes de la Commune. Sa literie et ses meubles servirent à former la barricade élevée en face du *Petit-Saint-Thomas ;* ce qui ne fut pas jeté par les fenêtres fut jugé bon à prendre. Rien n'échappa au pillage. Or cette ruine tombait sur une simple modiste, dont l'élégante installation, avec l'industrie de ses doigts, faisait toute la fortune. J'ai vu de mes deux yeux ce douloureux spectacle, et je puis dire que j'y ai assisté. La victime subissait ce revers, calme et résignée, comme elle avait été osée jusqu'à l'imprudence, dans les circonstances que je vais rapporter.

M. l'abbé Bertaux, curé de Saint-Pierre de Montmartre, avec un de ses vicaires, étaient prisonniers de la Commune. M. le Curé fut même un des deux négociateurs envoyés à Versailles, pour traiter avec M. Thiers de l'échange des otages. Son courageux retour lui fit le plus grand honneur. Mais il n'aurait pas suffi pour l'arracher aux mains de ses geôliers. Mlle Le Maraisquer, jeune encore, elle avait à peine trente ans, aimait à proclamer qu'elle lui devait son éducation ; elle se mit en tête d'aller le réclamer auprès de Raoul Rigaut et de Ferré. Seule, je ne sais par quelle protection du Ciel, elle parvint à se faire introduire dans ce repaire de tigres, et soit par son assurance modeste, soit par sa parole émue, elle leur arracha les deux proies qu'ils tenaient déjà dans leurs griffes.

J'ose à peine avouer qu'ayant appris ce coup d'audace le lendemain de sa réussite, tout en bénissant Dieu du résultat, je ne pus m'empêcher de blâmer l'entreprise. Étant donné la connaissance des deux monstres et de la vie dont ils souillaient le Palais de justice, il me semblait plus qu'imprudent d'avoir affronté, seule et sans protection, leur fureur anticléricale. Ma désapprobation ne l'empêcha pas de faire une autre tentative pour d'autres prisonniers, et avec le même succès.

Il y eut encore d'autres manières de nous être secourable : en voici une dont j'ai été l'objet.

A mesure que les circonstances devenaient plus difficiles et plus menaçantes, nous étions plus avides de nouvelles. Nous aurions voulu en avoir à chaque heure du jour et de la nuit ; des nouvelles des nôtres et de nos affaires, comme nos ennemis nous assourdissaient de leurs projets et de leurs succès. Dès quatre heures et demie du matin, une nuée de crieurs répandaient dans toute la ville la feuille ordurière du *Père Duchesne*, qui contenait les décrets des clubs de la veille et les menaces du jour. Les journaux de la Commune se succédaient avec une rapidité fiévreuse, toujours triomphants, toujours méprisants, et pleins d'injures à l'adresse des *Versaillais*. Nous n'avions, nous, que les rares feuilles, courtes et discrètes, des quelques journalistes demeurés fidèles à leur poste, malgré les menaces qui planaient sur leur tête, malgré l'émeute enfiévrée qui pouvait à chaque heure briser leurs presses, malgré les autorités du moment, qui, d'un trait de plume, pouvaient paralyser leur main et même engager leur vie. Mais plus la matière était rare et précieuse par les dangers qu'elle faisait courir à ceux qui avaient le courage de nous la distribuer, plus elle était recherchée avec ardeur et attendue avec impatience. Les kiosques où l'on avait l'espoir de la trouver étaient toujours entourés d'une foule avide.

A peu près tous les soirs, entre dix et onze

heures, j'allais d'un pas triste et préoccupé chercher, à l'angle du quai Voltaire et du Pont-Royal, la nouvelle de nos espérances ou de nos dangers du lendemain. Or, quatre ou cinq jours avant le 21 mai, je m'aperçus que j'étais suivi, à trois ou quatre pas, par un homme à allure tranquille, que j'avais plusieurs fois vu derrière moi, sans y faire attention, sans me douter de rien. Ce soir-là, après une assez longue attente inutile, je reprenais le chemin de chez moi, plus triste que de coutume, persuadé que l'absence de journaux de l'ordre ne nous annonçait rien de bon. Après une dizaine de pas, à l'entrée de la rue du Bac, mon compagnon, dont je ne m'étais pas autrement occupé, s'approcha discrètement de moi et me dit d'une voix plus discrète encore que son approche :

— Vous veniez chercher un journal, Monsieur le curé? Je sais celui que vous achetez tous les soirs. Il ne paraîtra pas aujourd'hui, mais si vous voulez me le permettre, je vous en offrirai un qui le remplacera.

Après un premier mouvement de surprise, je remerciai, j'acceptai l'offre ; mais je crus pouvoir demander à qui j'avais affaire.

— Oh! Monsieur le curé, me dit-il, je vous connais bien, je suis un de vos paroissiens, un simple marchand de vins d'ici tout près, dans la rue du Bac. Je vous vois souvent passer devant chez moi, et notamment tous les soirs. Je me suis souvent permis de vous accompagner, pour qu'il ne vous arrive rien de fâcheux dans ces jours de désordre. Pour le même motif, je fais chaque jour quelque visite dans votre église.

Je le laissai parler, sans mêler, de mon côté, que

de rares monosyllabes à ce que j'entendais, avec au moins autant de surprise que de reconnaissance. Il ajouta :

— Comme marchand de vins, je vois beaucoup de monde, et de ce monde-ci ; et j'entends beaucoup de choses qu'on ne dirait pas devant vous. Il s'agit de vous souvent, je veux dire, des prêtres, des églises, de la religion. On ne se méfie pas de moi. J'écoute sans rien dire. Je puis donc vous tenir au courant de tout ce qui se passe, de tout ce qui vous menace. Permettez-moi de venir vous en parler toutes les fois qu'il y aura quelque chose de plus grave dans l'air.

Vous jugez si j'ouvrais les oreilles et si je donnais les permissions demandées. Cependant je n'étais pas sans quelque trouble inquiet. Je ne savais encore ni le nom ni précisément la demeure de mon interlocuteur. L'heure n'était pas rassurante, et les circonstances laissaient place aux hésitations de la confiance. Mais la conversation nous avait conduits presque à la porte de mon bienveillant compagnon. Il me dit :

— Voici ma maison. Veuillez ne pas oublier cette porte. Je m'appelle Barbier, et je suis connu dans le quartier. On ne vous dira pas de mal de moi.

Et m'accompagnant toujours malgré mes instances pour l'empêcher de se déranger en ma faveur, attendu que, si près de chez moi, je n'avais rien à craindre, il voulut donner une conclusion pratique et protectrice à tous ses dires, en me faisant la proposition, presque compromettante pour lui, que voici :

— Avant de vous quitter, je vous prie de me permettre de vous offrir un asile chez moi. J'ai une chambre à votre disposition. Personne n'aura l'idée de venir vous chercher chez un marchand de vins. Vous serez libre et tranquille. Nous serons honorés, ma femme et moi, de vous posséder sous notre toit.

Comme je m'excusais, en disant que je devais rester dans mon presbytère, et ne quitter ni mon église ni mes prêtres, logés à côté de moi, ni mes employés, également logés dans ma maison, et qui pourraient être tous exposés à payer pour moi, il lui vint probablement en l'esprit que je refusais son offre pour ne pas prendre logis chez un marchand de vins. Ce qui était loin de ma pensée. Et il ajouta :

— Si vous avez quelque répugnance à venir loger chez nous, j'ai un autre asile à vous offrir. Vous connaissez la famille Tournouër et son hôtel, rue de Lille, presque aussi près de chez vous que je le suis ; cette famille, dont j'ai été le serviteur, m'honore de sa confiance. J'ai toutes les clefs de leur demeure. Je suis chargé de veiller à tout ce qui les regarde, pendant leur absence. Je sais qu'ils seront tous heureux d'apprendre que je vous ai ouvert leur maison.

Je la connaissais bien, cette noble maison, où vivaient ensemble, dans une union invraisemblable en nos temps d'individualisme, une mère vénérable autant que vénérée, ses trois fils et ses trois brus, et leurs petits-enfants. Exemple admirable de l'accord parfait, de la paix tendre et confiante que peut établir, dans la famille la plus nombreuse, la religion de tous ses membres, développant et fortifiant les vertus et les qualités naturelles, ainsi que l'esprit de famille de chacun.

Après avoir exprimé ma reconnaissance, et cette fois avec plus d'accent, je restai fidèle à ma résolution, et bien m'en prit, comme vous allez voir. Mais M. Barbier ne me quitta qu'à ma porte, me laissant pénétré de sentiments très divers, quoique revenant tous à me faire adorer la Providence, dont les moyens de protection sur nous sont infinis, infiniment variés, presque toujours inattendus.

M. Barbier, ainsi qu'il me l'avait promis, venait tous les jours, quelquefois même plusieurs fois dans une même journée, pour m'informer de ce qu'il avait appris et de l'approche de plus en plus menaçante d'événements tragiques.

Le 21 mai arriva : après huit heures du matin, toute communication fut interrompue entre M. Barbier et moi. Nous ne nous vîmes plus que le jour de l'incendie de Paris. On se cherchait au milieu des lamentations et de l'épouvante générales. Les nouvelles, comme il arrive toujours, augmentaient encore l'étendue du désastre. Tout devait brûler; tout devait sauter (1). On ne voyait plus que gens effarés, occupés à boucher les soupiraux des caves, pour les défendre contre le pétrole. C'est dans ce moment de trouble et de terreur, que M. Barbier me vint trouver. Son visage était décomposé.

— Eh bien! lui dis-je, qu'est-ce qui est arrivé?

— Je suis ruiné, me répondit-il; toutes mes économies, le fruit du travail de toute ma vie est détruit; il ne me reste plus rien. L'incendie a tout dévoré; je n'ai pu rien sauver. J'avais pour 6,000 francs de vins fins dans ma cave, certai-

(1) Depuis plus d'un mois, il n'était plus question que des mines explosibles établies sous tous les quartiers de Paris.

nement, le feu aura tout fait éclater. (La chose se trouva trop vraie, quand on put déblayer les ruines.) Mais quelque chose de plus épouvantable encore, c'est que la maison de mes anciens maîtres et bienfaiteurs est en cendres aussi. Ce bel hôtel, avec les richesses de quatre riches ménages, tout a péri. L'hôtel voisin, appartenant à M. Gatau, et qui était rempli des objets d'art les plus rares, notamment de cette unique collection de gravures et d'études d'Ingres : il n'en reste plus qu'un tas de décombres fumants.

Et ce brave homme, se lamentant autant ou plus sur les malheurs des autres que sur sa propre ruine, ne savait pas qu'il honorait la nature humaine, à l'égal des âmes les plus élevées, pendant que nos horribles incendiaires l'humiliaient au-dessous des hordes les plus sauvages. Je ne pouvais pas oublier, quant à moi, que les flammes venaient de dévorer le double asile que si généreusement il m'avait offert, et qu'une fois de plus j'étais l'obligé de la Providence pour avoir échappé au danger de périr par le feu (1).

Mais me voilà retombé dans le spectacle que je voulais fuir. On ne peut toucher à cette époque fatale sans réveiller d'abord les souvenirs les plus lugubres, et se sentir comme obsédé par les images du crime et de la destruction.

(1) M. Barbier ne s'est pas abandonné. Il s'est remis à l'œuvre avec un courage de jeune homme. M. Gatau, qui le connaissait, lui permit de bâtir un établissement provisoire sur les ruines fumantes encore de son hôtel, en face la *Caisse des Dépôts et Consignations*; et, grâce à ce voisinage, au voisinage de son ancienne maison, connue et appréciée dans le quartier, comme elle l'était, son commerce a prospéré.

CHAPITRE SEPTIÈME

Une entreprise périlleuse et sans succès. — Circonstances de l'incendie de la Sainte-Chapelle. — Affolement de la population. — Les scènes les plus terrifiantes se succèdent. — Une exécution sommaire. — Promenade lugubre dans Paris au moment des désastres. — Rayon de soleil après la tempête : une procession de la Fête-Dieu en plein Paris. — Actions de grâces.

'AURAIS pu beaucoup allonger la liste des personnes dévouées qui cherchaient à nous être utiles dans les angoisses de nos mauvais jours. Les PP. Jésuites, dans leur livre sur la captivité du P. Olivaint, nous ont révélé la touchante industrie de cette amie courageuse qui avait trouvé le secret de faire parvenir jusqu'à la cellule des martyrs, avec quelques secours matériels, la force et la consolation de l'Eucharistie, le viatique de leur Passion.

Sur la paroisse de Saint-Thomas d'Aquin, il se trouva un bien humble industriel, un simple coiffeur, qui s'était procuré, je n'ai jamais su comment, un laisser-passer, qui lui donnait le moyen de se rendre une fois par semaine à Versailles, et de nous en rapporter des nouvelles, dont nous étions affamés. Deux fois j'eus l'occasion de le voir sans qu'il me fût possible de me renseigner suffisamment sur ce service régulier, auquel plusieurs personnes avaient recours. Le temps n'était pas aux confidences faciles, ni à la confiance sur l'étiquette. On se parlait à l'oreille, et quand on ne se connaissait pas bien, les communications étaient réservées.

Cela ne m'empêcha pas de profiter deux fois du bon vouloir d'une personne qui m'est restée inconnue, pour adresser deux lettres à Mgr l'Archevêque de Paris, détenu encore à la Conciergerie ; mais je dois ajouter que je n'ai jamais su le sort de mes deux condoléances.

Inquiet, comme nous l'étions tous, au sujet de cette détention, je commis la puérile tentative, non d'imiter Mlle Le Maraisquer, mais d'obtenir d'être introduit auprès de cet illustre captif auquel j'avais voué plus de vénération et d'admiration que je ne lui devais de reconnaissance. Quand on est sans expérience, on ne doute de rien, et l'âge seul ne donne pas l'expérience. C'était, je crois, le jeudi de Pâques, je m'acheminai le long des quais, d'un air certainement très triste et préoccupé. Deux de ces bouquinistes qui étaient sur les parapets, et dont je suis trop connu, frappés de cet air qu'ils ne m'avaient jamais vu, inquiets de me voir en soutane à pareil moment et en pareil lieu, voulurent me persuader de rentrer chez moi : leur ayant laissé entendre ce qui m'occupait, ils redoublèrent d'instances, sans pourtant m'arrêter.

J'arrivai au Palais de justice. Là seulement je m'aperçus que j'avais négligé de m'informer à quelle porte j'avais à m'adresser ; force me fut de me renseigner auprès des citoyens qui les gardaient toutes, en nombre. Cela me valut d'être renvoyé cinq fois d'une porte à l'autre, avec cette aménité dont ces citoyens avaient le secret. Parvenu enfin à celle

Nous avions le spectacle de l'incendie de l'Hôtel de Ville. (P. 87.)

qui était l'entrée de la Conciergerie, grande porte sur le quai de l'Horloge, j'abordai modestement, mais sans trop d'embarras, la garde qui veillait là, plus farouche encore que toutes celles que j'avais abordées. Je subissais un interrogatoire délicat, sinon délicatement inauguré, lorsque de l'autre côté du quai, en face de la porte, se détache d'un groupe un citoyen, portant les galons d'officier, qui me prend brusquement par l'épaule et me pousse au milieu de la chaussée, en me reprochant, avec un verbe de corps de garde, mais à voix très basse, mon imprudence, en m'enjoignant de me retirer au plus vite, si je ne voulais pas subir une arrestation.

Je me retirai plus triste que je n'étais venu; pas plus informé, et plus inquiet. Je ne revis ce quai et le quai des Orfèvres, sur l'autre bras de la Seine, que le jour de l'incendie de Paris, où j'y fus ramené par la terreur de voir la Sainte-Chapelle en feu, et où je fus appelé à me mettre à la chaîne pour le service des pompes, pendant près d'une heure, sans parvenir à être rassuré sur le sort du monument qui occupait à cette heure funeste tout ce qui conservait quelque sentiment de l'art.

Une escouade de pompiers manœuvrait avec ardeur sur les deux quais de la Cité, pour arrêter l'incendie consumant le Palais de justice inachevé. Mais nul ne paraissait comprendre ce que je demandais, quand je parlais de la Sainte-Chapelle. Les flammes l'enveloppaient, et j'entendais dire au loin que la flèche commençait à s'incliner. Mais les pompiers paraissaient absolument étrangers à nos terreurs; et ils l'étaient en effet, car ces braves gens comme je l'appris depuis, n'appartenaient pas au corps des pompiers de Paris, mais étaient accourus de Chartres, si mes informations sont exactes.

Pour eux, la Sainte-Chapelle, ce chef-d'œuvre incomparable de l'architecture du XIIIe siècle, était une église quelconque, dont ils ne connaissaient même pas l'emplacement.

Il me fut donné de voir, dans cette circonstance, jusqu'où la peur peut troubler la raison. Sur le quai des Orfèvres, se trouvent, ainsi que le savent tous ceux qui ont habité Paris, les plus hautes maisons de la ville. L'incendie ne les avait pas encore touchées, mais il dévorait, comme vous venez de le voir, l'immense édifice voisin, le Palais. Les habitants de ces hautes maisons étaient tellement affolés, qu'ils déménageaient leurs meubles par les fenêtres. J'ai vu des commodes, des bahuts, des tables, des secrétaires lancés d'un cinquième, d'un sixième étage. Tout cela se disloquait avant d'arriver à terre et était réduit en miettes en touchant le sol. Tout le monde était effaré, on n'entendait que cris désespérés. Mais quelque ému que je fusse moi-même, je ne pouvais me défendre de la pensée qu'il eût été meilleur pour ces malheureux de sauver en hâte ce qui pouvait être emporté, de songer à se sauver eux-mêmes, que de passer leur temps, les courts instants dont ils croyaient pouvoir disposer encore, à détruire, par cet étrange moyen de sauvetage, ce qui n'aurait pas été autrement détruit par le feu.

Mais qui est maître de soi en pareils moments? N'ai-je pas vu, le matin même de ce jour, une famille de mes amis, habitant la rue de Beaune, surprise au milieu de la nuit par les cris : *Au feu !* s'enfuir presque nue, n'emportant avec soi, dans sa précipitation échevelée, que ce que pouvait contenir un mouchoir de poche et se sauver en cet équipage, à travers les barricades, jusque chez nos chères sœurs de la rue Saint-Guillaume? C'est là que je les trouvai tous trois, père, mère et fille, dans le désordre de leur fuite, éplorés, se serrant l'un contre l'autre, et me montrant avec désespoir tout ce qu'ils avaient pu emporter de leur grande aisance.

— Voyez, me dit le père en sanglotant, où nous a réduits le feu devant lequel nous fuyons. C'est tout ce qui nous reste de notre fortune.

Heureusement un quart d'heure après j'avais la consolation de leur pouvoir redonner un peu de cœur, en leur apprenant que l'incendie, concentré dans la rue du Bac, où il dévorait la maison de mon pauvre M. Barbier, mur mitoyen avec la leur, ne les atteindrait pas autrement que par les dégâts inévitables dans toute invasion de pompiers. Et cela se trouva vrai.

Les scènes les plus étranges se succédaient au milieu de ce désordre. En voici une bien inattendue, et dont on s'occupa beaucoup dans le quartier. Les pétroleurs qui venaient de mettre le feu à cette longue série de maisons de la superbe rue de Lille, allant de la rue de Bellechasse à la rue de Beaune, et qui par cette traînée de flammes, réduisirent en cendres le palais du Conseil d'État et de la Cour des comptes, le palais de la Légion d'honneur, l'hôtel de M. le marquis de Saint-Aignan, l'hôtel des Dépôts et Consignations, pour ne parler que des monuments; ces horribles pétroleurs se présentèrent, à l'angle de la rue de Beaune, chez le boulanger qu'on y voit encore :

— Mais, leur dit la boulangère, si vous brûlez notre maison, qui vous donnera du pain?

Cette simple question, accompagnée sans doute de quelques générosités obligées, suffirent pour sauver la maison de sa ruine et plusieurs autres avec elle.

Pendant ce temps-là, le feu de la rue de Lille pénétrait jusqu'à la rue de Verneuil, derrière les hôtels de Mme Tournouër, et de M. Gatau. Dans une de ces maisons qu'il fallait déserter au plus vite, avaient été reçues de pauvres religieuses dominicaines, chassées de leur monastère de la rue de Charonne. Les voilà dans la rue avec leur petit sac à la main et cherchant comme à tâtons, au milieu des rues dépavées, parmi les incendiaires, fuyant eux-mêmes déjà effarés devant les premiers soldats de Versailles, tirant et recevant des coups de fusil. La plus jeune de ces exilées, jeune religieuse de moins de vingt-cinq ans, est morte depuis des émotions de ces lugubres événements.

Presque au même moment j'assistais à un spectacle horrible. Dans la maison du marchand de vin qui fait l'angle de la rue de Beaune et de la rue de l'Université, se trouvait un individu vêtu comme nos soldats de ligne. Sans que je puisse dire sur quelle indication, je vis entrer dans cette maison trois de nos Versaillais, qui en sortirent aussitôt entraînant avec violence ce misérable, et le poussant contre le portail de l'hôtel du duc de Cambacérès. Collé contre le mur, il reçut trois coups de feu, à bout portant. Aux deux premiers, quoique frappé en pleine poitrine, il put se tenir encore debout, sa tête nue un peu portée en arrière et repoussant l'agression de ses deux bras tendus ; au troisième, il s'affaissa et ne fit plus aucun mouvement.

Je crus pouvoir et devoir demander compte d'une pareille exécution sur un militaire de notre armée ; on voulut bien calmer mon émotion, en m'expliquant que ce prétendu soldat de l'ordre n'était qu'un misérable qui s'était revêtu de l'uniforme d'un des nôtres tué par lui, pour échapper, sous ce déguisement, au sort qu'il méritait. Aucune des fusillades auxquelles j'avais assisté jusque-là ne m'avait autant impressionné.

Je me rendais en ce moment chez un de mes amis et compatriotes, M. Valette, ancien professeur de philosophie à la Sorbonne, logé dans la maison où mourut Voltaire. J'avais besoin de savoir s'il n'était rien arrivé de fâcheux ni à lui ni à sa femme, âgés l'un et l'autre, l'un et l'autre infirmes et malades. De leur appartement, presque vis-à-vis le pavillon de Flore, nous avions le spectacle infernal de l'incendie des Tuileries, du Palais-Royal, du Ministère des finances, du Palais de justice et de l'Hôtel de ville. Derrière nous flambaient la rue de Lille et la rue du Bac. A notre gauche, la Seine nous renvoyait le reflet des flammes dévorant la Caisse des Consignations, le Conseil d'État et la Légion d'honneur. Il ne se peut rien imaginer de plus épouvantable. *Vox faucibus hæsit*. Nous n'avions de force que pour pousser des gémissements sourds, sans paroles, semblables à des râles. Je vois encore, presque avec le tremblement nerveux d'alors, les pompiers grimpés sur la toiture de la galerie neuve du bord de l'eau, fiévreusement occupés à couper le feu avant qu'il eût atteint les trois guichets qui la séparent de la galerie Henri II, trésor inestimable et incomparable de nos musées. Ne pouvant les encourager de la voix, nous leur faisions des gestes désespérés, comme s'ils avaient pu s'occuper de nous.

Ce fut en quittant mes vieux amis que je me rendis, ainsi que je vous l'ai dit, aux informations pour connaître le sort de la Sainte-Chapelle, dont ils étaient aussi inquiets que moi. De là je pus atteindre la place Saint-Michel, pour voir de plus près l'étendue des ruines du Temple de la justice et de la Préfecture de police, et la catastrophe du Palais du peuple.

Qui n'a connu la splendeur de ces édifices, leur glorieuse histoire, les richesses artistiques qu'ils renfermaient, les innombrables millions qu'ils avaient coûtés, ne peut se faire une idée des accablantes impressions subies par nous à ces heures diaboliques. Ruine publique, pertes irréparables, humiliation devant un ennemi fier de nos défaites, assistant, la satisfaction au cœur, à une dévastation qu'il n'aurait pas osé faire lui-même en face de l'Europe civilisée, tel était le sujet de notre désespoir.

Nous nous en entretenions, M. le curé de Saint-Germain-des-Prés et moi, près de la fontaine monumentale de Saint-Michel, et nous nous félicitions d'avoir pu constater que la Sainte-Chapelle échappait aux flammes, comme par miracle, lorsqu'une immense clameur nous ramena plus près du quai. L'on venait d'apercevoir à l'horizon, vers l'est, une haute et épaisse colonne de noire fumée, rougie à sa base, et comme éventrée d'espace en espace, dans sa hauteur, par un feu intense. Qu'est-ce de nouveau, se demanda-t-on? Quel est encore ce nouveau désastre? On ne fut pas longtemps à deviner que c'était le Grenier d'abondance qui brûlait. Cette effrayante colonne ne pouvait s'élever si haut que parce qu'elle était puissamment alimentée; elle n'était si sinistre, qu'à cause de l'entassement des matières grasses et inflammables qu'elle dévorait. Nous étions cependant plusieurs à craindre que ce ne fût la fin de la bibliothèque de l'Arsenal, un trésor bibliographique sans prix. Heureusement le désastre, quelque effroyable qu'il fût, n'était que le désastre matériel du Grenier d'abondance (1).

C'en fut assez pour satisfaire notre douloureuse curiosité; nous nous retirâmes, M. l'abbé Comte et moi, abîmés dans la douleur, silencieux et pouvant à peine trouver assez de forces pour rentrer chez nous. En cheminant, il me revenait dans la mémoire des souvenirs qui achevaient mon acca-

(1) La France et la ville de Paris savent aujourd'hui ce que leur coûtent les fantaisies révolutionnaires. Si l'on veut supputer ce qu'a coûté la reconstruction du Palais de justice, de l'Hôtel de ville, du palais de la Légion-d'honneur, du Palais-Royal, des parties refaites des Tuileries et du nouveau Louvre; l'appropriation d'une autre partie de ce dernier palais pour en faire le ministère des finances, l'appropriation du Palais-Royal, pour le conseil d'État et la cour des comptes, la disposition des ruines des Tuileries pour la préfecture de la Seine, etc., etc., on ne peut, à quelque parti honnête qu'on appartienne s'empêcher d'avoir pour ces entrepreneurs de révolutions l'horreur qu'ils méritent. Ceux que ne touchent pas les raisons morales répondent quelquefois aux arguments du coffre-fort.

blement. Au club de Saint-Eustache, un soir, j'avais entendu condamner à la destruction la colonne Vendôme, dont auparavant les Français étaient si fiers; elle avait été renversée. Un autre soir, l'on avait osé parler d'incendier les Tuileries, les Tuileries étaient en feu. L'on avait délibéré sur ce qu'on mettrait à la place de ce *chenil*, c'est ainsi qu'on appelait le palais de nos souverains: les uns disaient un restaurant pour le peuple, à quoi d'autres répondaient que le peuple, hélas! ne connaissait pas les restaurants. Ceux-ci opinaient pour une bibliothèque populaire; mais, disaient ceux-là, est-ce que le peuple a le temps de lire? Eh bien, ajoutait un autre groupe, nous y ferons un grand promenoir pour nos enfants. Et toutes ces folies étaient applaudies avec enthousiasme. Il est à craindre, me disais-je avec tristesse, qu'on n'essaye de tout cela. On y a la main, le plus gros est déjà fait. A moins que peut-être on n'en vienne à ce que j'ai entendu, il y a quelques jours, entre trois ouvriers qui remontaient le quai Voltaire. Ils devisaient entre eux de leurs espérances et du bel avenir qu'ils nous préparaient. Les menaces ne manquaient pas; lorsque celui qui tenait le milieu, jetant un regard farouche sur les belles constructions du quai d'un côté, sur la galerie des Tuileries de l'autre, dit avec une tranquillité froide:

— Nous mettrons le feu à tout cela; ce sera le commencement.

— Oh, non! dit son compagnon de droite, il ne faut pas détruire toutes ces belles choses.

— Eh! qu'est-ce que cela te fait à toi? ce sera de l'ouvrage pour longtemps!

Ils voulaient de l'ouvrage, il y en a eu de taillé, à les rendre satisfaits!

Des réflexions douloureuses faisaient pencher

MGR DARBOY (P. 80.)

ma tête sur ma poitrine, m'oppressaient le cœur et alourdissaient mes pas. J'avais assez bien supporté mes propres épreuves, je succombais sous les malheurs publics.

Deux jours après, Saint-Thomas d'Aquin ouvrait ses portes pour recevoir les victimes de cette lutte fratricide. Nos officiers de l'armée de mer et de terre, rentrés au comité de l'artillerie, nous avaient demandé un service pour ceux des leurs qui avaient succombé. La cérémonie fut aussi édifiante que touchante, et ce fut une grande consolation pour nous de pouvoir unir nos regrets et nos prières à ceux de ces braves gens qui avaient tant souffert pour notre délivrance.

Une autre satisfaction nous était réservée. La Fête-Dieu approchait ; les pavés n'étaient pas encore remis en place, et le sang de la bataille n'avait pas encore été entièrement lavé sur le sol et sur les murs ; nous nous demandions, avec une anxiété facile à comprendre, s'il fallait, si nous pouvions songer à faire, comme tous les ans, notre procession solennelle extérieurement sur la place de Saint-Thomas d'Aquin et dans la grande cour du comité d'artillerie. C'était le vœu de tout le monde, ce n'était l'espoir de presque personne. L'émotion encore fiévreuse de la rue, l'encombrement des lieux à parcourir, le danger de provoquer une démonstration sacrilège, ne fût-ce qu'une parole, ne fût-ce qu'un cri, c'était plus qu'il n'en fallait pour nous faire hésiter. D'autre part, cependant, nous devions au Seigneur de publiques actions de grâces pour les faveurs dont il nous avait comblés pendant ces derniers trois mois, et ne serait-ce pas une méconnaissance des bontés de la Providence et une pusillanimité ingrate envers elle que de nous arrêter devant des dangers possibles, mais moins menaçants que tous ceux auxquels nous avions échappé !

Sur ces réflexions, pour n'être pas plus imprudent qu'il ne convenait, je me rendis auprès de M. le gouverneur de Paris, général l'Admirault, que je trouvai botté et éperonné, prêt à monter à cheval : « La rue est tranquille, me dit-il. Nous y veillons. Eh bien, la place Saint-Thomas d'Aquin vous appartient, faites votre procession (1). »

Cette parole toute militaire m'affermit le cœur. Mais, pour mettre, comme on dit, tous les atouts dans mon jeu, en sortant des Tuileries, je me rendis à la Préfecture de police. M. le préfet, M. Renault, m'accueillit, à ma grande surprise, comme une vieille connaissance, qu'il voulut bien embrasser, et me dit que la place Saint-Thomas d'Aquin n'étant pas un lieu de passage, il ne voyait pas de raison pour empêcher la procession ; et que, quant au Comité de l'artillerie, je n'avais qu'à m'entendre avec le général-directeur. Muni de cette double autorisation, je rentrai le cœur content au milieu des miens, et nous eûmes la très grande joie de faire, les deux dimanches de la Fête-Dieu, notre procession avec une solennité et une pompe exceptionnelles, au milieu d'une foule inaccoutumée et dans un recueillement de piété auquel les circonstances donnaient un caractère particulier. L'appareil militaire de la cour de l'artillerie était plus grand et plus sévère que de coutume. On n'avait pas eu le temps de déplacer les montagnes de projectiles et les entassements de matières premières réunies là par la Commune. Les canons, les affûts, les fourgons, les barricades mobiles bordaient les

(1) Qui pourrait croire que depuis 1881 la faveur dont nous avions joui en 1871, nous a été refusée? C'est pourtant la triste vérité !

quatre côtés de cette vaste cour, dont le milieu était occupé par les matières dont je viens de dire. On avait cependant trouvé l'emplacement du haut reposoir de tous les ans. Une garde d'honneur avec des bouquets dans le canon des fusils, accompagnait le saint Sacrement, la musique militaire le précédait, l'émotion faisait battre tous les cœurs, les larmes étaient dans tous les yeux.

Ainsi finit pour nous, par cette belle fête, la trop longue et trop cruelle histoire de nos malheurs; et tel fut le couronnement des protections divines dont, pendant ce temps de calamités, nous avions été l'objet.

En finissant, je ne puis me dispenser de rendre publiquement des actions de grâces à la Providence et de reconnaître la protection signalée et véritablement exceptionnelle dont Saint-Thomas d'Aquin n'a cessé d'être l'objet.

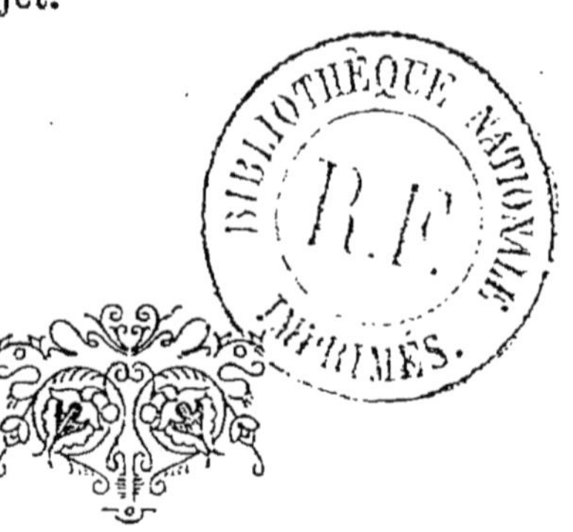

TABLE DES MATIÈRES

— Lille. Typ. A. Taffin-Lefort. —

www.ingramcontent.com/pod-product-compliance
Ingram Content Group UK Ltd.
Pitfield, Milton Keynes, MK11 3LW, UK
UKHW051023210726
13857UKWH00007B/1240